鎌倉資本主義

A
Manifesto
for
Sustainable
Capitalism

ジブンゴトとしてまちをつくるということ

柳澤大輔
Daisuke Yanasawa

プレジデント社

鎌倉資本主義

ジブンゴトとしてまちをつくるということ

50

はじめに

面白法人カヤックは、2018年11月26日、鎌倉へ帰ってきました。

カヤックの本社は2002年以降、ずっと鎌倉にあるので「帰ってくる」というのは少し変な言い方になりますが、組織拡大とともに手狭になって、ここ数年は主要拠点を横浜へ移していました。このたび新しいオフィスが完成して、数百人の社員が鎌倉に戻ってきました。

「なぜ、鎌倉なんですか?」とよく聞かれます。答えは簡単で、僕を含むカヤックの立ち上げメンバー3人が、学生時代に好きだった場所だからです。誰も鎌倉出身ではないのですが、起業した頃から「いつか鎌倉に住んで、鎌倉で働こう」と思っていました。

そんな鎌倉にこの春、新しい「場」をつくりました。地元で働く人たちみんなが、美味しい朝食で1日のエネルギーを蓄えたり、ランチミーティングをしたり、軽く飲みながら交流を深めたりできる「まちの社員食堂」です。この食堂が面白いのは、料理は週替わりで、地元のレストランが提供しているという点です。

オープン以来、たくさんの取材をいただき、日本全国の自治体や企業、国の行政機関などから多くの視察が訪れています。

なぜこんなにたくさんの人たちが、「まちの社員食堂」に興味を持ってくれるのか。それには、2つの理由があると思っています。

1つは、僕たち面白法人が得意としているアプローチで社員食堂を再構築したこと。つまり「普通」の社員食堂のつまらない部分はどこなのか、どうすれば面白くなるのかを徹底的に考えて、その逆をいく社員食堂を開いたのです。カヤックが自社社員のためだけに社員食堂をつくったのであれば、これほど注目されることもなかったでしょう。

そして興味を持ってもらえるもう1つの理由は、「まちの社員食堂」はその名の通り、地元企業や飲食店などを巻き込み、新しい地域活性化コンテンツになっているということ。しかも、そこにはこれからの資本主義を考えるうえでのヒントが詰まっているということです。

面白法人として、どのような思考プロセスでこのコンテンツを生み出したのか、そしてこのコンテンツのどこが新しい資本主義へのヒントになり得るのか、この本ではそれを詳細に解説します。

そして「面白」を追求することが、結果として、新しい資本主義につながっているということもお伝えしたいと思っています。

目次

CONTENTS

Part 1

資本主義が面白くなくなった？

Part 2

何をするか？ 誰とするか？ どこでするか？

Part 3

なぜ人はカマコンに夢中になるのか？

Part 4 鎌倉資本主義をかたちにすると？

Part

5

地域資本主義はどこにいくのか?

Part 6

テクノロジーで何ができるか？

A Manifesto for Sustinable Capitalism

Part 1

資本主義が面白くなくなった?

日本中が東京にならなくてもいい

僕たちは面白法人と名乗り、面白い社会をつくっていきたいと考えています。面白いってどういうこと？　と聞かれたら、まず「自分たちが楽しんでいるかどうか」と答えます。そして、楽しんでやっていることに「オリジナリティ」や「個」があることです。

そのためには、いろんな人がいていいし、いろんな人がいなくちゃダメだと思います。同じような人が、同じような格好をして、同じようなことをしゃべって、同じようなことをしていたら、全然面白くないですよね。

だから、カヤックは「面白さ」を「多様性」と考えています。

地方都市にいくと、〝リトル東京〟のようなところが少なくありません。東京はたしかにすばらしい都市ですが、日本中が東京のようになったら、ちっとも面白くない。

僕たちが面白いと考えるのは次のような社会です。

多様性が認められる社会
すなわち一人ひとりが輝く社会
一社一社が特徴的である企業社会
地域ごとに特徴がある地域社会

鎌倉は都心から離れているぶん、不便です。東京のように「何でも」揃っているわけではありません。それでもここに住みたい、ここで働きたい、という人は、きっと「平均」からはズレている人たちです。だからこそ面白い。

誰もが東京を目指すのではなく、地域がそれぞれの個性を強みとして繁栄していく地方創生は面白い。そして、地方創生に取り組むことは、いま資本主義が抱えている課題に取り組むことそのものではないだろうか。

鎌倉で活動するうちに、そんな仮説を持つようになりました。

従来の資本主義が抱えている課題について、多くの人がたくさんのことを語っています。僕も専門書籍も含めて何冊か、それに関する本を読んでみました。そのうえで、いま資本主義が直面している最大の課題を挙げるとするなら、次の2つになると思います。

・地球環境汚染
・富の格差の拡大

なぜ、このような問題が生まれるのか。それはGDP（国内総生産）という単一の指標を企業や国が追い求め過ぎていることに起因しているのではないかと思いました。GDPは経済活動の状況を示す指標ですが、この一世紀近く、経済的な豊かさを測るための指標としても使われてきました。ＧＤＰが右肩上がりで成長し続けることが、よいことだとされてきました。

でも、本当にＧＤＰだけが豊かさの指標になるのでしょうか。

たとえば、鎌倉などの地域に住んで、職住近接のワークライフスタイルを実現する。地産地消の食材を楽しむ。コミュニティでつながりが生まれて、金銭の介在しないプロジェクトをみんなで立ち上げて、自分の住むまちをよくしていく。

そうした活動は、ＧＤＰの増加には貢献しません。職住近接ではなく、多くの人たちが長距離・長時間の電車通勤をするほうが、輸送にお金が使われるぶん、ＧＤＰは増加します。地元でとれた食材を食べるより、海外から飛行機で輸入した食材を消費するほうが、ＧＤＰは増加します。

でもそれって、なんだかおかしくありませんか？　通勤時間は短いほうが疲れないし、地元の食材のほうが輸入品より安くて新鮮です。ＧＤＰだけを見ているると、こういうちょっとした矛盾が積み重なって、結果的に大きな問題になってしまう。そういうことなのだと思います。

東京一極集中だけではなく、地域での生活や仕事を多様化していくこと。そんな取り組みのなかに、従来の資本主義が直面する課題を解決するヒントがあるのではないかと思うようになりました。

その直接のきっかけとなったのは「カマコン」という地域団体での活動でした。

ジブンゴト化すると面白くなる

面白法人が面白くあり続けるためには、鎌倉という土地の力が必要です。だから、ずっと鎌倉に元気でいてもらわなければいけない。よりよい地域になるよう、自分たちがもっと主体的に関わることができたら、もっと面白くなるはず。

そのためには、何をしたらいいのか。

5年前にカヤックをはじめ鎌倉に拠点を置くベンチャー企業の経営者が、鎌倉をもっと元気にすることを目的に、地域団体「カマコン」を立ち上げました。現在メンバーは150人近くになり、毎月1回、鎌倉で定例会を開いています。

定例会では、有志がプロジェクトを持ち寄ってプレゼンし、全員でブレインストーミング（ブレスト）を行って、どうしたらそれが実現できるか議論します。

このカマコンから、さまざまなプロジェクトが生まれました。さきほどご紹介した「まちの社員食堂」もその1つですし、地元のお寺でミツバチを飼育して採れた鎌倉産のハチミツの商品化、地元の市議会選挙に投票に行くと、帰りに人力車に乗れるキャンペーン、地元の風景の今昔を比べられるアプリなど、どれも鎌倉という土地と密接に結びついたものです。土地に密着したプロジェクトが生まれることで地方創生にもつながっていきます。

なぜ、手弁当にもかかわらず、ユニークなプロジェクトが次々に生まれ、実現していくのか。その詳細なメカニズムは後ほど解説しますが、とにかく僕自身も含めて、カマコンに参加している人が口を揃えて言います。「楽しい！」と。カマコンを通じて自分の住んでいる地域の課題を「ジブンゴト（自分ごと）」化すると面白くなってくる。「面白い」には人を動かす力があるのです。

カマコンという活動を通してわかったことがあります。

ボランティア活動を通して地域のコミュニティにも積極的に参加し、自分たちの住むまちを自分たちでよくしていくことは、精神的な満足感に直結しているということです。

僕は自分で会社を起業したので、毎日が決断の連続であり、主体性を持って自分の仕事に取り組んでいます。だからどんなに忙しくても最高に楽しい毎日を送っていましたが、地域のコミュニティに参加すると人生が2倍どころか3倍楽しくなりました。

この経験から、人の幸せ度を上げていくためには、地域コミュニティにヒントがあると思うようになりました。

さきほど従来の資本主義の限界という話をしました。新しい資本主義を考えるとしたら、大前提として人の幸せ度を上げるようなものでなければならないと思います。

ＧＤＰ以外にもモノサシを持とう

僕は経営者ですから、会社を成長させたいし、経済成長を否定するつもりはまったくありません。企業は、資本主義という経済体制のなかで、ルールを守って利益を出している限り存続を許されます。ゲームのように勝敗のある世界であり、資本を増やして成長し続けることは、単純に面白くもあります。

ただ、それだけを追い求めていてもどうも面白くない。経済成長を重視しながらも、同時に、精神的な豊かさや幸福感を増やしていくことがこれからの社会に必要ではないか。いまさらＧＤＰ限界論を持ち出すまでもなく、多くの人が肌で感じていることではないでしょうか。

個人がそう感じているのであれば、企業もそれに対応していかなければなりません。つまり、定量化された指標を追い求めることで資本を増やすという、株式会社の得意とする仕組みを使って、個人の「幸せ度」にリンクする好循環をつくれたら、もっと面白くなりそうです。

ＧＤＰという指標は、物質的な豊かさとリンクすることから、戦後復興から高度成長期にかけて、各国はそれを増大させることに邁進してきました。けれども、ＧＤＰの増大が豊かさと直結するわけではないことに、多くの人が気づいています。またＧＤＰだけを追い求めた結果として、先ほど指摘したような「地球環境汚染」と「富の格差の拡大」といった大きな問題が起きています。

そろそろＧＤＰに代わる、あるいはＧＤＰを補足する新たな指標が必要ではないだろうか。それはどうやら地域コミュニティに関連したものになりそうだ。そう直感したのです。

それでたどり着いた1つのコンセプトが、地域を中心とした新しい資本主義のかたち、「鎌倉資本主義」です。

「地域資本」という考え方

とりあえず「鎌倉資本主義」とネーミングしてみたものの、自分ひとりで考えるには限界があります。そこで、経済や地域活性化の分野に詳しい人たちに一緒に考えてもらおうと、２０１７年10月、「鎌倉資本主義を考える日」というイベントを開催しました。気鋭の起業家やＮＰＯファウンダー、経済学者、鎌倉の老舗企業の経営者、カヤックと親しくさせていただいている人たち、そしてカマコンの仲間たちなどに、鎌倉の建長寺に集まってもらいました。

そこでの議論から見えてきたものが「地域資本」という考え方です。

僕たちが考える「地域資本」は次の3つの資本で構成されています。

- 地域経済資本——財源や生産性
- 地域社会資本——人のつながり
- 地域環境資本——自然や文化

従来資本主義における資本や売上に当たる部分が地域経済資本です。それに、地域社会資本と地域環境資本の2つを追加して、地域資本と定めます。

この3つの資本をバランスよく増やしていくことが人の幸せにつながる。そのために企業、行政、NPOといった地域のステークホルダーが一緒になって取り組む。

これが鎌倉資本主義の骨子です。経済資本以外の2つの資本は、これまであまり定量化されてこなかった価値です。こうした新しい価値は、従来のお金(法定通貨）だけでは、おそらく測れません。それもあって、この本では新しいお金の話にも少し触れます。

鎌倉資本主義は、いわゆる短期的な経済合理性だけを追い求めるのではなく、地域資本という価値を新しいモノサシで測ることによって、より持続的な成長を目指す。その結果として、地域の多様な発展を推進し、従来資本主義の課題である「地球環境汚染」と「富の格差の拡大」の解決につながっていく。いわば持続可能な資本主義です。

この3つの資本をどのように増やしていけるのか。

それを測るためにはどんな指標が必要なのか。

この本では、そのための取り組みと考え方を紹介していきます。

ちなみに、僕たちは鎌倉から地域資本主義を発信していきたいと考えて、「鎌倉資本主義」という言葉を使っています。今後、鎌倉に限らず、さまざまな場所ごとの地域資本主義が発信される。そんな社会になったら面白いと思っています。

この広大な計画は、始まったばかりです。これからかたちにしていく段階ではありますが、多少なりとも似たようなことを考えている仲間のヒントになり、社会をもっと面白く、元気にするためのきっかけとなってくれればうれしく思います。

「地域資本」を構成する3つの資本

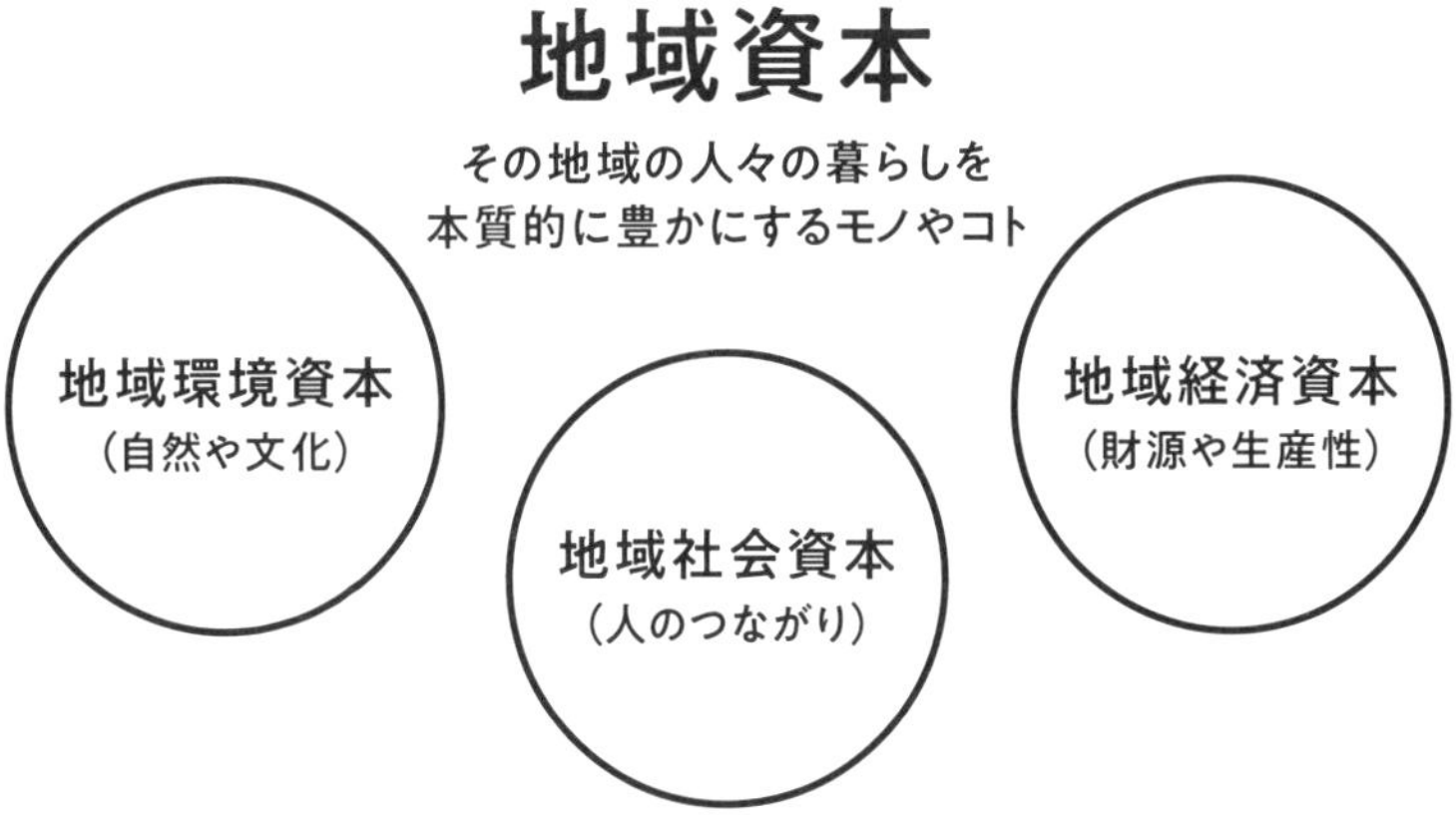

A Manifesto for Sustinable Capitalism

Part 2

何をするか?
誰とするか?
どこでするか?

なぜ上場したのか

カヤックは、2018年で20周年を迎えました。会社を立ち上げてから現在まで、僕たちがどんなことを考えてきたか、ざっと振り返ってみたいと思います。

そもそもカヤックがどんな会社かというと、主な事業は日本的面白コンテンツをつくる事業で、300人いる社員の9割がデジタル領域のクリエイターです。もう少し具体的に事業をご紹介すると、オリジナルウェブサービス事業の運営、受託によるウェブ制作、ソーシャルゲームの企画開発、ゲームコミュニティの運営をメインとして、eスポーツ、VR（バーチャルリアリティ）の事業も行っています。現在は、ウェディング、不動産事業、葬儀事業や移住支援事業なども手がけています。

カヤックが生まれた20年前はインターネット黎明期。「ネット業界」の将来について、具体的なイメージはありませんでした。ただ、「なんとなく面白くなっていきそうだ」という直感はありました。

会社にはいろいろな形態があります。有限会社、株式会社、合同会社、合資会社など会社の目的に合わせて選ぶことができます。

カヤックは1998年に合資会社としてスタートしました。資本金は3万3000円。翌年、東京の江戸川橋から高田馬場へオフィスを移転し、住居も兼ねるその場所で、創業メンバー3人で共同生活をしていました。そのメンバーである貝畑政徳、久場智喜と僕の3人が、現在に至るまでカヤックの代表取締役です。

2002年に鎌倉にオフィスを移転。

そして、2005年、合資会社を解散して、株式会社設立。この年を機に、採用を強化し、会社を大きくする方向に舵を切ります。

2014年、カヤックは東証マザーズに上場しました。証券コードは3904です（「サンキューオモシロ」と覚えてください）。

なぜ上場したのか。

プロ野球選手がメジャーリーグを目指すように、政治家が国政を目指すように、起業家として経営者としての道を極めたいと思うと、その先にIPOという選択肢がありました。

でも、最終的に決めた最大の理由は、株主が増えると何千人という人がカヤックの仲間になるということです。それは会社にとって社会とのつながりが増えるということであり、「誰かの人生を面白くする」ことを理念に掲げる面白法人にとって、関わる人が増えることは必要なことだと気づいたからです。株主を仲間と捉えるかどうか、ということについてはさまざまなご意見があると思いますが、僕はそういう風に世界を見ようと決めました。

会社が社会とのつながりを強め、会社がもっと成長できれば、さらに社会に貢献することが可能です。「永続的にパブリックな存在」である上場を目指すのは、非上場のままでいるよりもずっと厳しい道になることはわかっていましたが、その試練を経て、組織も経営者もより強くなれると思いました。

上場する具体的なメリットとしては「知名度が上がる」「社会的信用度が上がる」「経済的な基盤が安定する」といったことが挙げられます。一方でデメリットとしては「短期的な評価が求められる」「上場（維持）コストがかかる」といったことがあります。

それらをすべて考えたうえで、上場の前のステップとして２０１１年に初の第三者割当増資を行いました。カヤックとして、初めて公に「上場する」意志があることを明確にした瞬間です。

当時は「面白法人は上場に向いていない」「自己資本１００％だから好きに面白いことができるけれど、外部の株主がいたらそうそう面白いことはできないのではないか」「そもそも面白いことと儲かることは両立しないのではないか」といった反応もありました。

でも、僕としては「面白法人だからこそ、上場することで社会に貢献できる方法があるはず」と考えていました。

上場すると決めていろいろ調べていくと、株式会社という仕組みそのものがかなり面白いことに気づきました。株主から出資を受け、それを元手に自分たちのビジョンを実現して、利益が出たら株主に還元し、また投資して……という具合に、株式会社は投資と還元を繰り返しながら成長していく生き物です。

事業や会社を大きくしていくという運動そのものに、ある種のゲーム的な面白さがあります。資本主義がここまで成長してきたのはその「面白さ」が根源にあるからでしょう。株式市場がこれだけ発達したのも、投資家にとってゲームやギャンブルにも似た面白さがあったからだと思います。

会社を成長させていくのが面白い理由はほかにもあります。成長するということは、お客さんにも社員にも喜ばしいことでしょう。税金もたくさん払うから、自治体からも歓迎されます。自分たちの成長が周囲を幸せにする。

そう考えると資本主義ってよくできた仕組みだなと思います。

しかし一方で、世の中では「資本主義に限界がきている」という話をよく聞くようになりました。

GDPの話とサイコロ給

経済成長を測る指標としては一定期間内に一国内で生み出された付加価値の総額、であるところのGDP（国内総生産）が使われているわけですが、とくに戦後の高度経済成長期においては、それが国民の豊かさと直結する指標であるかのように重視されてきました。「20世紀で最も偉大な発明の1つ」とも言われるGDPは、1940年代に米国で生まれ、たちまち世界各国の経済政策を考えるうえで必要不可欠な経済指標となりました。

言うまでもなく、GDPは単一の指標として非常にシンプルで優秀です。だからこそ、戦後、各国がこの指標を追い求めてきたのだと思います。また国が復興や発展途上段階にあるときは、物質的な豊かさの向上と個人の幸福度はある程度リンクするので、ＧＤＰを増大していくことが、個人の幸福度を増すことにも直結してきたのでしょう。

でも物質的な豊かさがある程度実現すると、ＧＤＰという指標の限界も見えてくる。たとえば国民みんなが健康になると本来ハッピーになるはずですが、医療費が下がるのでＧＤＰも下がる、といったことが起こります。これをどう評価したらいいのか。また、Ｐａｒｔ１でもお伝えしたように、資本主義の歪みは、ＧＤＰという単一の指標を行政や民間企業が一体となって追い求めた結果、引き起こされたものではないかと思うのです。

もともとＧＤＰは、経済的規模を測る指標であって、人類の幸福度を測る指標ではないので、当たり前と言われればそうかもしれません。

いずれにしても、何かを評価する「モノサシ」というのはとても大事なのです。

会社は「評価制度」というモノサシを持っています。僕は、評価制度こそが社風をつくると考えています。

面白法人の事業内容は多岐にわたりますが、すべてに共通しているのは「ユーザーに楽しんでもらう面白いコンテンツやサービスをつくる」ということです。僕たち自身が面白がっていなければ、ユーザーを楽しませるものなんてつくれません。

だから、面白法人では「面白がる人」が高く評価される組織にしようと思いました。そこで考えついたのが「サイコロ給」という制度です。

これは世界でも類を見ないユニークな給与システムです。

給料の全額がサイコロで決まるのではなく、毎月「基本給×（サイコロの出目）%」が、＋αとして支給されます。たとえば、月給が30万円の人が、サイコロで6をだしたら、30万円×6%で、1万8000円が加算されるということです。基本給が減ることはありません。

サイコロで給料を決めるなんてずいぶんふざけた話だと思われるかもしれま

せんが、その根底にはわりと真面目な思想があります。

人間が人間を評価するなんて、そもそもいい加減なもの。上司の感情ひとつで、評価なんてどうにでも変わってしまう。完全に公平なモノサシなんてないのだから、評価や運命を、最後の最後は天に託そうじゃないか。そんな思いで取り入れている「評価をしない評価制度」なのです。

もちろん仕事において評価は大事です。お客様からもよい評価を得られなければ商売は続けていけません。仕事は評価の連続と言ってもいいくらいです。でも一方で、人はいちいち他人の評価を気にしていては楽しく働けない。カヤックの社員にはぜひとも面白く働いてほしい。だから人の評価なんて気にするな、そういう思いをこの「サイコロ給」に込めました。


国、企業、組織といったものに対する「評価制度」にも同じようなことが言える気がします。

企業だったら時価総額、国の経済であれば、さきほども出てきたＧＤＰといったモノサシがあります。自治体や大学を評価するさまざまなランキングも存在します。もちろん、株価を上げ、ＧＤＰを成長させ、各種ランキングで上位にくることはとても大切なことですが、それだけが存在目的ではないはずです。

既存の指標では測れない価値をどうやって評価するのか。

従来資本主義のなかで、成長を追求してきた上場企業だからこそ、経済成長に加えて、豊かさを測る新たな指標を発信する責任があるのではないかと思っています。もちろん企業だけで実現できることではなく、行政や、ほかのあらゆる団体とも協力し合って進めていく必要がありますが、まずは、業績という指標を追い求めることが習慣化している民間企業が新たな指標を自ら定めることに意味があると思うのです。

「誰とするか」の原点

カヤックを設立したとき、どんな事業を行うかは決まっていませんでした。決まっていたのは、学生時代の友人3人が集まって、「この仲間で面白い会社をつくろう」というだけです。

いつか3人で起業しよう、ということだけは決めていたので、それまで各人が何をするか、アミダクジを引いて決めました。その結果、僕は会社員として経験を積む、貝畑は大学院に進む、久場は海外を放浪する、という「役割分担」になりました。そして2年後、みんなで集まって約束どおり起業したのです。

起業して「何をするか」は一切決まっていませんでした。ただ、「誰とするか」だけは決まっていました。

事業内容が決まっていないのに起業するなんて普通はありえないことです。でも僕たちは面白く働くことが最優先と決めていました。そのためには「何をするかよりも誰とするか」のほうが、重要だと思っていたのです。

僕が「誰とするか」について熱く語ると、年配の経営者の方々や先輩にあたる方々から「それはちょっと違うんじゃないか」と忠告されたこともあります。そのときはそもそもなぜ違うのか、ピンときませんでしたが、いまとなっては、こうした指摘ももっともだと思います。

株式会社の原型を考えても、大航海時代、探検家が資本家から資金を集めて、船を調達し、冒険に出たことから始まっています。つまり、リスクをとって事業を興そうという起業家が、複数の人たちから出資してもらうための仕組みが株式会社です。行き先もわからない船に出資する人はいません。

ですから、「何をするか」（＝事業）が先にありきというのは、その通りです。もちろん「誰とするか」も大事ですが、それはあくまでも「何をするか」を遂行するための方法論であって、「何をするか」が決まらないうちに、「誰とするか」を決めるのとは違う。それは、もう圧倒的に正しいのです。

ちなみに、僕は、こうして誰かに指摘されたときはよくわからなくても、違和感のある指摘こそ覚えておくべきだとも思います。いつかその意味がわかるときがきっと来ます。

でも、不思議なことに、「誰とするか」にとことんこだわった結果、「何をするか」も自然と決まっていったのです。最初の頃は、何をするかが決まっていないから、とにかく何でもしました。最初に受けた仕事は、ＩＴもネットも関係ないテープ起こしの仕事だったことを覚えています。そして、何でも引き受けながら、少しずつ一緒に働きたいと感じる人を増やしては、事業を拡大していきました。

そうやって、「まずは人ありき」でずっとやってきました。価値観が近い人たちばかりなので、若い会社ながら組織文化もかたちとなり、自分たちの強みを見つめることで、おのずと事業領域も絞られていきました。そして上場もしました。「誰とするか」を最重視するという方針は、結果的には、間違っていなかったのだと思います。

事業というものは、誰とするかでパフォーマンスがものすごく大きく変わります。いい仲間がいないと伸びていきません。

たしかに経営者の視点からは、第一印象がすごくよかったとか、性格がよさそうだからみんなとうまくやっていけるだろうというのは、「実績や経歴があってこそ」で「副次的」な条件に見えるかもしれません。でも、面白く、楽しく働けるかどうかを何より重視しているカヤックにおいては決して副次的ではないのです。

僕たちは「誰とするか」にこだわっています。感覚が合うか、ノリが合うか、性格がいいか、ということは、実績以上にとは言いませんが、実績と同じくらい大事なのです。

仕事や会社のかたちが多様化してきたいまでは、「何をするかより誰とするか」という考え方は、決して珍しいものではなくなってきました。おそらく、個人の「幸せ度」を追い求めると、「何をするか」だけではなく「誰とするか」も重要だという実感を持つ人が増えたからだろうと思います。

会社を構成しているのは生身の人間なので、個人の意識が変われば、会社のかたちも変わらざるを得ません。僕たちも、これからも引き続きその行動指針を大切にしていくつもりです。最近ではM＆Aも積極的に行っていますが、そのときに大事にしている基準も、「誰とするか」であることに変わりありません。

「どこでするか」と幸福度

カヤックが大事にしている行動指針は、「何をするかより誰とするか」ですが、じつはもう1つあります。それが「どこでするか」です。

「どこでするか」ということは「誰とするか」よりも、企業にとっての優先順位は低いのではないかと思います。多くの場合、社員の通勤、物流における利便性、地代家賃などの合理的な理由で、拠点の所在地を選ぶのではないでしょうか。

一方で、採用活動をしていると「卒業したらとにかく海外で働きたいんです」と言う学生にたまに会います。

僕は、かつては「じゃあ、海外だったらどんな会社でもいいの？」と感じて、いまひとつ共感できなかったのが正直なところです。

でも、よくよく話を聞いていると、「海外で働きたい」と言う人は、「どこで働くか」ということが、自分の仕事に対するテンションや幸福度に直結することが直感的にわかっているのだということに気づきました。

僕たちも、経済合理性だけを考えたら、渋谷や六本木に本社を置いていたと思います。でも、面白く働きたかったから、鎌倉を選択しました。

その結果いまに至るのですが、正直に言えば、「誰とするか」ほど「どこでするか」に強くこだわっていたわけではありません。「誰とするか」について、創業以来一度も妥協したこともなければ、妥協しようと思ったこともありません。でも、「どこでするか」については、そこまで確信があったわけではなく、都内に本社を移したほうがいいんじゃないかと思ったこともあります。どう考えても、採用の観点からも、オフィス事情の観点からも、東京のほうが有利だからです。

ただ、鎌倉に本社を置き、カマコンという地域活動を始めて、ようやくわかりました。個人の幸福度を考えるうえでは、「誰とするか」と同じように「どこでするか」も大事なのです。

「どこでするか」は働く人の幸福度やアイデンティティに深く関わっています。「どこでするか」には、「どこで働くか」「どこに住むか」の2つの要素があります。このどちらにおいても、自分の好きな場所にいることができれば、より幸せになるということなのではないかと思います。ですから、カヤックでは職住近接のライフスタイルを推奨しています。たとえば、鎌倉に勤務し、鎌倉市・逗子市・葉山町に住む社員には、「鎌倉手当」という住宅手当を支給しています。

また、カヤックには「旅する支社」という制度があります。「インターネットがあればどこでも仕事はできる」ということを証明するために始めたもので、数カ月間、働きたい場所にオフィス兼住居を借りて、そこで仕事をするというものです。これまで、ハワイ、ベトナム、イタリア、京都などにオフィスをつくってきました。

「旅先では効率が上がりますか？」と聞かれますが、正直なところ、目に見えるかたちで生産性が上がることはないと思います。効率化を図るためではなく、面白さを追求するための取り組みです。

もしかしたら、違う場所に身を置くことで、気分転換できるかもしれないし、異国の文化や自然に触れることで、新しいインスピレーションが湧くかもしれない。でもそれは、目に見えるものではなく、数値化できるものでもありません。

ここ数年は、クラウドソーシングなどが普及し、個人としても働く場所を選べるようになっているので、支社としてはあまり旅をしていません。ただ、つい最近も、花粉症の社員が花粉の飛ばない北海道でしばらく仕事をするといった試みをしていました。

働く場所を追求することは、合理性だけでない意味を持つと考えているので、これからもこだわっていきます。

ちなみに、カヤックの子会社にカヤックＬｉｖｉｎｇという会社があります。移住促進のプラットフォームを運営する会社ですが、ここでは「住む場所・働くところに美学を持つ人だけを採用します」と謳っています。事業領域との親和性もあって、「どこでするか」にこだわりを持つ人を採用したいこともあり、自分の好きな場所からリモートで働くメンバーを積極的に増やしています。

3つ揃うと人は幸せに働ける

繰り返しになりますが、「何をするか、誰とするか、どこでするか」のうち、会社としては「何をするか」が非常に重要なのは言うまでもありません。でも、社員の幸福度が下がってしまったら、中長期的には「何をするか」のパフォーマンスを下げることにもなりかねません。

もともと、カヤックの組織は、90％以上の社員がデザイナーやエンジニアなどのクリエイターで占められています。これはかなり偏りのある集団のように見えますが、同じ価値観のある仲間を集める、すなわち「誰とするか」にこだわった結果であり、そこから逆算した事業展開になりました。クリエイティブであり続けるためには、一見無駄と思われる余白をつくることが、中長期的に見れば、一番合理的な選択であったりします。

この数年、行き過ぎた利益追求のほころびが出てきたり、企業の成長と個人の豊かさが必ずしもリンクしなくなってきたりしたこともあって、「何をするか」と同じように、「誰とするか」「どこでするか」も重要だ――経営に関わる人のあいだでも、そんな風に考える人たちが増えているように思います。やっと、そういう時代になったのです。

資本主義にのっとって経済活動をするとき、「何をするか」といえば当然「儲かること」です。何をやれば儲かるのかを知るために参考になる指標はいくらでもあります。一方で、「誰とするか」「どこでするか」については経営上の指標がありません。

上場をすると「何をするか」については株主や市場から絶えずチェックされますが、意識していないと「誰とするか」「どこでするか」は二の次になりがちです。

「誰とするか」については、カヤックは創業のときからこだわり続け、さきほどご紹介した「サイコロ給」のような仕組みも導入して、面白く働くことにひたすらこだわってきました。

「どこでするか」も大事だと改めて気づきがあったことで、「何をするか、誰とするか、どこでするか」の3つの価値を指標化し、企業がしっかりと追い求めるように工夫すれば、人はより幸せになるのではないか。そう考えるようになりました。

カヤックの行動指針である「何をするか、誰とするか、どこでするか」。この3つは、じつは地域資本主義を構成する3つの資本に対応しています。

- 何をするか――地域経済資本（財源や生産性）
- 誰とするか――地域社会資本（人のつながり）

・どこでするか——地域環境資本（自然や文化）

何をするかを突き詰めることは、経済資本につながり、誰とするかを突き詰めることは、人とのつながりやコミュニティといった社会資本につながる。そして、どこでするかを突き詰めることは、自分たちを取り巻く自然や文化を見直すことになる。

この3つを大切にすること、つまり、この3つの資本を増やすことが、結果として、社会をより楽しくし、持続的な成長につながるのではないだろうか。

これまでの短期的な合理性では測りきれず、一見、無駄なことだと考えられてきた「誰とするか」や「どこでするか」といった価値を取りこぼさず、指標化していくことが、長期的には、豊かさにつながっていくのではないだろうか。

地域にこそ、新しい資本主義のヒントがあると書いたのは、そんな風に考えたからです。この考え方を、どうかたちにしていくのか。

お待たせしました。
次章では、いよいよその方法論についてお話ししていきます。

A Manifesto for
Sustinable Capitalism

Part 3

なぜ人はカマコンに夢中になるのか?

大抵のことは「仲良し」で解決できる

毎月、第三木曜日の夜になると、鎌倉駅近くの会場に、百数十人が集まってきます。地域活動「カマコン」の定例会です。

「カマコン」とは、2013年、鎌倉に拠点を置く7人の経営者が集まって「鎌倉をもっと元気にしたい」と立ち上げた地域団体です。東日本大震災後は「地域」というものに人々の関心が集まりました。カマコンが始動したのもちょうどその時期にあたります。

月に1回の定例会では、毎回、4~5人が「鎌倉を面白くする」ためのプロジェクトを持ち込んで、プレゼンテーションを行います。参加者は興味を持ったプロジェクトを選び、参加者全員でブレインストーミング（ブレスト）をやって、どうしたらそれが実現できるか、アイデアを出し合います。ゲストで参加するには、2カ月待ち、3カ月待ちも珍しくなく、さまざまな自治体や地域から視察が訪れます。同じ手法を取り入れた活動は、いまや全国20カ所以上に広がっています。

この章では、カマコンについて、詳しく解説していきます。Part 1でも書いたように、個人の幸せ度を考えていくうえで地域コミュニティにヒントがありそうだと僕が実感したのは、カマコンの活動を通じてですし、カマコンは、地域にとってのOS（オペレーティング・システム）になる可能性を秘めているからです。地方創生にとっても、新しい資本主義を考えるうえでも、ここにたくさんのヒントが詰まっています。

カマコン定例会
毎月、鎌倉の会場に大勢のメンバーが集まる。

カマコンは、もともとはカマコンバレーという呼び名でした。鎌倉にＩＴ系企業が集まってきていたので、ある新聞社の方がそう名付けてくれたのですが、僕たちとしてはシリコンバレーを意識していたわけではありません。ただ鎌倉に集まった仲間と一緒に地域に貢献する活動をしようと始めたものでした。

どんな活動をするかは決まっていませんでしたが、最初に集まったメンバーがＩＴ企業の経営者ばかりだったので、ＩＴを使って地域に貢献することからスタートしようということになりました。そんな経緯もあって、鎌倉専用のクラウドファンディング「ｉｉｋｕｎｉ（いいくに）」などが誕生したのです。

活動を始めるにあたって、どんな価値観を大切にしたいか相談したとき、参考にしたのは「鎌倉宗教者会議」でした。これは、東日本大震災の被災者を追悼するため、宗旨・宗派の枠を超えて宗教者が集まった会です。神道・仏教・キリスト教という、それぞれの宗教が一堂に会して、毎年、一緒にお祈りを捧げています。価値観や立場の違う人たちが手を取り合ってお互いの価値観を尊重する、世界的に見ても珍しい試みだと言われています。

この活動を知って、こんなことができるのかと勇気が湧きました。せっかく地域活動をするのなら、みんなで仲良くやりたいし、異なる価値観の人々が立場や領域を超えてつながることを鎌倉の強みとして伸ばしていくのはいいことなのではないかと思いました。


地域の活動をしていると、時にそれぞれの思いや利害がぶつかることもあります。真剣に取り組むほど、それは避けて通れないことかもしれません。けれども、せっかく縁あって同じ場所に住んでいるのですから、たとえ思想や立場が違う相手でも、まちのために仲良く一緒に取り組めたら楽しいはずですし、そういう活動の場にカマコンがなればいいなと思いました。自分たちの住むまちをよりよくしていこうという根っこは同じ思いですから。

大人になると「仲良し」とはあまり言わなくなりますが、僕は「仲良し」というキーワードは大人こそもっと使ったほうがいいんじゃないかと思います。世の中の大抵のことは、仲良しになれば解決すると信じています。

カマコンが最初に取り組んだのは2013年の「市議選を盛り上げよう」というプロジェクトです。投票率を上げるためにどんな工夫ができるか、みんなで話し合いました。そこから「候補者比較サイト」が生まれました。若者に市政に興味を持ってもらうため、政策比較ではなく、候補者の人柄に焦点をあてたスマートフォン向けの情報サイトです。候補者には用意した7つの質問のなかから3つを選んで答えてもらい、プロフィールとともに回答を一覧できるようにしました。質問には、たとえば「あなたがした一番悪いことは何ですか?」など、その人の人柄が出るような工夫をしました。

特定の党や候補者を応援するのではなく、自分たちの住んでいる地域なのだから、候補者全員を応援する気持ちで、選挙全体を盛り上げたいという思いから始まったプロジェクトでしたが、その思想が最もよく表れたのは、選挙が終わった後かもしれません。ノーサイドの精神で仲良くやろうということで、当

Q1 鎌倉愛（鎌倉の好きなところ）を熱く語って下さい。

Q2 10年後の鎌倉をどのような街にしたいですか？

Q3 市民に「これだけは知っておいて欲しい!」ことは何ですか？

Q4 あなたが議員になったら、最も喜ぶ人は誰ですか？

Q5 鎌倉市で暮らしてて、最も感動したこと何ですか？

Q6 今まで生きていて最も挫折したことは何ですか？

Q7 人生でしたいちばん悪いことは何ですか？

投票率を上げるための施策としてカマコンから生まれた
「候補者比較サイト」の質問。

選した人も、落選した人も一緒になった飲み会が開催されました。かなりお節介ではありますが、まさに「仲良し」の発想です。

そして、この4年後の2017年に再び市議選が行われたときには、カマコンから生まれた大学生の「選挙をジブンゴト化しよう委員会」が中心となって、投票率向上プロジェクトに取り組み、「投票済証明書を提示すると市内の飲食店で特典を受けられる〝選挙割〟」や「投票に行ったら人力車で送迎」といったアイデアが実現しました。

カマコンの目的は、地域の人を巻き込むことです。たくさんの人に関心を持ってもらい、一緒に行動を起こしてもらう。そして、そこに地域の企業や商店の人が絡むことで、地域とのよい循環をつくり、活動を将来につなげていく。

これまでの5年間で257プロジェクト(2018年7月現在)のプレゼンが行われました。そのうち、3割ほどがプロジェクトとして継続しています。

では、なぜそこまで盛り上がる活動になったのでしょうか。

ジブンゴトとしてまちをつくる

僕はカヤックを立ち上げる前、会社員の経験を積むために、2年間会社勤めをしました。仕事はそれなりに楽しかったのですが、朝起きて「会社に行きたい」と心の底から思って出社することはなかったように思います。

けれども、カヤックを立ち上げてからは、会社に行くのが楽しみで仕方なくなりました。朝起きると仕事したくてたまらない。誰かにやらされる仕事よりも、自分で決めて、自分で何かをつくるほうが楽しいのです。

であれば、カヤックの社員にも、面白く仕事をしてもらえるように、なるべく自分で決めて、自分でつくる人になってほしい。そう考えて、社内ルールは最小限にし、社員全員が「自分がこの会社をつくっている」と感じられる会社にしようと決めました。

自分が主体的につくる側になる、これが人生を面白くする秘訣であり、そういう人を増やしたいと考え、カヤックの経営理念は「つくる人を増やす」にしています。

とはいえ、社員が5人、10人のうちはともかく、100人を超えるようになると、その文化を保つのは難しくなってきます。その問題を解決したのがブレストでした。

問題が起きたときに、自分は関係ないと他人のせいにするか、自分も関わっているのだからという意識を持てるかで、対応の仕方は大きく変わります。自分も関わっているのだから、という人は問題解決のために本気になり、創造的になれる。そのときは大変でも、それは貴重な経験になるし、もしかしたらちょっといい思い出にもなるかもしれません。

カヤックが求めているのは、何ごとも「ジブンゴト」として取り組める人です。ただ、それにはトレーニングも必要で、そこで編み出したのがカヤック流ブレストでした。

カヤック流ブレストの2大ルール

ブレストとは「ブレインストーミング」の略で、アレックス・オズボーンというアメリカの大手広告代理店の副社長だった人が考案した手法です。もとは人材開発の目的で使われていましたが、発想法や会議術としてビジネスの現場で広く使われるようになりました。

オズボーンの提唱する4つの原則のうち、カヤックでは次の2つのルールをとくに大切にして実践してきました。

・人のアイデアに乗っかる
・とにかく数を出す

「人のアイデアに乗っかる」は、自分ひとりで考えるのではなく、人の話をよく聞いて、積極的に便乗していこうということです。

自分ひとりで出すアイデア会議ではなく、みんなで意見を出し合って否定をしないことが大事なのです。参加者のアイデアの単なる足し算以上のものが生まれるのがブレストですから。

「とにかく数を出す」は、文字通り「質より量」ということです。うんうん唸って練りに練ったアイデアを10個出すよりも、思いついたままにポンポンと100個出すほうがいい。主眼はすばらしいアイデアを出すことではなく、失敗を恐れずアイデアを出し続けることです。

ポジティブ思考の原点

カヤックで20年かけてブレストをやってきて自信を持って言えるのは、ブレストは会社全体をポジティブにするということです。さらにチームワークも格段によくなります。

カヤックは年に二度、社員全員で合宿をしてブレストを行います。お題が3つ出され、ヘトヘトになるくらい徹底的にアイデアを絞り出すのです。おっというものも飛び出しますが、ほとんどが実際には使えないアイデアです。それでもとにかく出すことが大事なのです。

誰かの発言をよく聞いて、それに乗っかる。聞いてもらっているほうは気持ちいい。だから同じように人の発言をよく聞こうとします。しかも何を言っても否定されないので、臆せずどんどんアイデアを出せます。「いいね！」「面白い！」といった感想が飛び出すようになると、その場の雰囲気もよくなり、結束も強まります。

その時々で会社が抱えている課題を発表し、ブレストしてもらうこともあります。グループごとに出たアイデアのなかから、一番面白いとみんなが思ったものを発表してもらい、最後に優勝を決めます。とてもいいアイデアが生まれ、すぐに実行に移すこともあります。

会社がポジティブになるし、チームワークもよくなるし、アイデアも出る。それだけでも十分すばらしいのですが、さらに重要なことがあります。それは、ブレストを通して会社の課題がジブンゴト化できるということです。

会社の課題に対してアイデアを考えているうちに、気づくと会社の課題が自分自身の課題になっている。言い換えるなら、視座が上がるということでもあるかもしれません。誰かにつくって与えてもらう人から、まさに自分でつくる人になる瞬間です。

ただ、こんな理屈をこねなくても、ブレストは単純に楽しいのです。ブレスト脳になることは、何事も面白がることにつながるのかもしれません。

だから、社内ではことあるごとに「やっぱブレストでしょ」となります。僕自身は仕事をしていて一番楽しいのはブレストをしているときですし、ちょっとパワーが落ちているなというときはだいたい「ブレスト不足」です。

脳の使い方が変わる

なぜブレストをすると楽しく、ポジティブな気持ちになるのか。そのことを考え続けてきました。それでわかってきたのは、どうやらブレストを継続して行っていると、脳の使い方が変わってくる、ということです。そのことにはっきりと気づいたのは、ブレストとは正反対の「なぜなぜ会議」に出席したときのことです。

トラブルに直面したとき、「なぜ」を5回繰り返して真の原因を突き止めようとするトヨタの事例に代表されるように、問題解決に向けた質問を繰り返していく会議は多いと思います。役所や多くの企業の会議はこのスタイルで行われています。

営業利益が落ちている。なぜか→売り上げが下がっているから。なぜか→購買回数が減っている。なぜか→気候変動？　人口動態？　競合？

このように、問いを繰り返していくことで、より精緻に課題を特定することができ、本質的な解決策を導き出す可能性が高まります。

一方で、ブレストでは、反射的にとにかくたくさんのアイデアを出すことを重視します。

「なぜ」を繰り返す問題発見型の会議が「縦方向の思考」とするなら、ブレストは「横方向の思考」といえるかもしれません。

横方向のブレストと縦方向の「なぜなぜ会議」がどう違うのか、例を1つ挙げてみます。

以前、カマコンで「湘南地域の空き家の活用法をみんなで考えたい」というプレゼンがありました。カマコンではこうして地域の人が地域の困りごとをプレゼンし、それに対して参加者がブレストでアイデアを出し合います。

そのとき出たアイデアには、こんなものがありました。

「働いたら空き家をタダで使える」
「消防団と連携して、空き家を燃やして消火する練習場にする」
「空き家を、海岸でスポーツする人のための施設にする」

とにかく批判せず、どんどんアイデアを出すと、「絶対無理なんじゃないか」「それってやっちゃダメでしょ」と思うようなアイデアも出てきます。だから無駄も多いのですが、仮にいいアイデアが出なくても誰も否定したりせず、むしろ乗っかってくるので、どんどんやる気が出てきます。そこから物事が具体的に前に進む力が生まれます。実際、この日のブレストでは、空き家の活用法について検討するための「空き家連合軍」を募集し15人がメンバーになりました。

ブレストではこのように、理屈や根拠がなくてもいいから、シンプルに発想をどんどん広げていき具体的な行動につなげていきます。

一方、同じ問題を「なぜなぜ会議」で解決しようとすると、「そもそもなぜ空き家になるのか?」という問いから始まります。そうすると、たとえば「相続でもめるから」といった答えが出てきます。そこから、「相続のもめごとを解決するにはどうすればよいか」というような新たな問いが出てきます。また、「そもそもなぜ空き家のままではいけないのか？」という問いから始めると「まちがすさんで見えるから」「治安が悪くなるから」といった答えが出てきます。そうなるとアイデアとしては、空き家をどうにかすることではなく、地域のパトロールを強化すればよい、といったアイデアも出てきます。「なぜなぜ会議」ではこのように、問いを深く掘り下げながら、ベストな解決法を探っていきます。

つまり、縦方向の思考は、本質的な解決策に届く可能性が高く、ビジネスや政治において根本的な解決をするにはとても役に立ちます。ビジネスシーンで、縦方向の問題発見型の会議が重視されることが多いのは、そのためでしょう。

ただ、実際にやってみてわかったことがあります。不思議なことに、縦方向に脳を使うと、横方向のアイデアが出にくくなるのです。カヤックのブレストの達人と言われるメンバーを集めて、縦方向の「なぜなぜ会議」をした後に、通常のいつも僕たちがやっている横方向のブレストをしたところ、驚くほどつまらないアイデアしか出てきませんでした。そこではっきりと気づいたのです。どうも縦方向と横方向の思考では、脳の使い方が違うのだなと。

多少突飛なアイデアでもいいので、どんどん横に広げていく、その結果、思いもよらなかったイノベーションにつながることもあります。

実際、何かを動かしていくためには縦方向の思考と横方向の思考の両方が必要なのだと思います。ホンモノの問題解決力を持っている人は、まさに縦横無尽に脳を使って本質的な解決策を導くことができます。

それはわかったうえで、面白法人という楽しく働くことを重視する会社としては、とりわけ「横方向の思考」を大事にしています。なぜなら、そのほうが楽しいから。ブレスト脳を鍛えると、アイデアがどんどん出てくるようになるので、楽観的になります。

詩人のポール・ヴァレリーという人がこう言っています。

「アイデアいっぱいの人は深刻化しない」

重層的に人生を面白くする方法

カマコンにはその日の進行役がいて、オリエンテーションを行います。その後、地域に関するプロジェクトについての有志によるプレゼンがいくつかあり、参加者は自分が興味を持ったプロジェクトを選んでブレストに参加します。

オリエンテーションでは「近くの人と自己紹介しましょう」、プレゼンを聞いた後には「感想を言い合いましょう」などと声かけがされるので、初参加の人も、自然に場に溶け込むことができます。

会場には中学生からおばあちゃんやおじいちゃんまで参加していて年齢もばらばら。職種もいろいろです。「地元で面白いことやってるよ」と誘われてふらっと来た人もいれば、遠方からわざわざ休みをとってくる人もいます。共通しているのはこの場は自分がつくっている、そしてこの地域は自分がつくっていくというジブンゴト意識です。

カマコンにブレストの仕組みを導入したのは、たまたまでした。問題をジブンゴト化するための方法論として、カヤックで成果が出ていたので、やってみたのです。みんなでブレストを重ねているうちに、カマコンのような地域活動とブレストはとても相性がいいのではないかと思うようになりました。

ブレストの魅力は、誰かのアイデアにみんなで乗っかっていくうちに、個人のアイデアではなく、みんなで考えたアイデアになり、みんながそれをジブンゴト化していくことです。

みんなの意見を認めて、みんなで解決策をつくりあげていくという方法論は、地域のコミュニティの運営に通じるところがあるのかもしれません。その方法論は、必ずしも目的とゴールを結ぶ最短距離ではないのですが、そのプロセスで互いのことをよく知り、非合理的なことも面白がって受け入れ、結果として、組織が生き物のように機能するようになります。
最近、ホラクラシー経営やティール組織が話題になりますが、そうした組織を運営する方法論というのは、地域コミュニティととても相性がいいのではないかと思います。

カマコンは、有志のメンバーたちが手弁当で参加しています。月1回の定例会の受付やファシリテーターはもちろん、メンバーが集うサロンの運営に至るまで、ボランティアによって運営されています。誰かに役割分担を決めてもらうのではなく、「楽しいから」「遠くからカマコンにきてくれた人に喜んでほしいから」という理由で、手を挙げる人が現れ、物事が進んでいきます。そう考えると、ブレストというのは、ジブンゴト化を加速する装置であるといえるかもしれません。

自分の住む地域をジブンゴト化することで人生が何倍も楽しくなったことはすでに書いたとおりです。考えてみれば当然かもしれません。1日の半分を会社で過ごし、もう半分は住む地域にいるのですから、会社と地域の両方をジブンゴト化できれば、楽しいに決まっています。会社を経営しているだけのときよりも、会社とカマコンという2つのコミュニティに属することが、僕個人の幸せ度を増すことにつながっていたのです。

慶應義塾大学大学院システムデザイン・マネジメント研究科教授で「幸福学」を研究する前野隆司さんは、会社や家族といった強いつながりに加えて、弱く多様なつながりを多く持つことが、個人の幸福度に直結すると言います。

これからの生き方のスタンダードとして、会社や家庭というコミュニティはもちろんですが、地域をはじめとするゆるやかなコミュニティに多く属していくことが大事になってくるのではないかと考えています。

行政、民間企業、市民団体の三位一体

経営者や社員が地域活動に参加するようになると、どうなるか。住むまちがジブンゴト化され、その会社が地域に根を張り始めるのです。カマコンは地域の課題をジブンゴト化するための活動ですから、ある種当たり前の結論です。

カヤックが鎌倉で活動を始めた頃、同じように創業間もない会社がいくつかやってきました。しかし会社が成長すると、当然のように鎌倉から東京へ移っていくのを何度も見てきました。組織が大きくなると、オフィス事情や採用ひとつとっても、そのほうが合理的だからです。

でも、そうした会社の経営陣がカマコンに参加することによって、鎌倉で働

くということを、不便さも含めてジブンゴト化します。つまり、鎌倉にいる必要性が出てきて、一緒に地域を盛り上げていこうという機運が生まれる。「どこでするか」が、会社の活動として不可分になる。

経済的なインセンティブだけによらず、地域を盛り上げる活動にコミットしている人たちは、単にそれが「面白いから」やるのです。その熱量に惹かれて、集まってくる人たちをさらに夢中にさせます。それは従来の経済的価値では測れないものですが、確かにそこに何らかの価値があることがわかるのです。

会社が、その地域に根付くためには、カマコンのようなコミュニティが必要なのだと思いました。コミュニティの活動に参加することを通じて企業が鎌倉に定着すれば、結果的には地域で働く人が増え、人のつながりが増え、経済も元気になります。

カマコンは、地域のことをジブンゴト化するためのOSなのです。

ちなみに、カヤックの社員には、カマコンへの参加を推奨しています。法人会員になっているので、通常は１５００円かかる参加費は必要ありません。これは、会社だけでなく、さまざまなコミュニティに属してもらいたいこと、また自分たちが住む場所、働く地域をジブンゴト化するほうが、面白いと思っているからです。

カマコンを立ち上げた当初は、正直なところ、ここまで活動が広がるとは思っていませんでした。むしろ、鎌倉に本社を置いた当初、ＩＴ企業はビジネスの実態がわかりにくいとか、鎌倉には似合わないという声が耳に入ってくることもありました。たしかに、ＩＴ企業のスピーディな意思決定や、前例にこだわらないスタイルは、伝統や調和を重視する土地柄からすれば違和感があったのかもしれません。

そうした指摘を受け止めて、僕たちからは距離が遠いように感じる人のところにも出向いて話をし、カマコンにお誘いしました。自分たちの感覚だけでやっていたのでは地域をジブンゴト化しても、できることは限られています。

鎌倉市役所をはじめとする行政の人たちにも、ぜひ参加してほしいと積極的に声をかけました。その結果、市役所や市民団体の人たちもさまざまなプロジェクトをカマコンに持ち込んでくれるようになりました。市長自らがプレゼンを行うこともあります。

そういうことを繰り返しながら、だんだん地域の多様なグループがカマコンの活動に参加してくれるようになりました。

カマコンを始めて地域の活動に興味を持ち、日本のみならず世界の事例を調べていてわかったことですが、行政と、民間企業と、ＮＰＯなどの市民団体の三者がうまく手を組めたとき、地域はよい方向へ変わります。劇的な変化を遂げている地域では、この三者が連携しています。その役割は、ルールづくり、資金調達、実働です。

鎌倉を例にとると、ルールづくりは鎌倉市議会の仕事です。資金調達の音頭取りは、鎌倉商工会議所などを中心とする民間企業が推進し、カヤックも協力しながら動いています。実働面では、もともと鎌倉はＮＰＯ発祥の地ですから、フットワークのよい市民団体がたくさんあります。

当然のことながら、行政・民間企業・市民団体の三者のあり方は地域ごとに異なります。その時代にどういう人が三者の代表的な立場にいるかによって、三者のバランスも違ってきます。

でも、地域を盛り上げるには、この三者の協力が不可欠です。企業や市民団体は行政に頼り過ぎず、行政も企業や市民団体に歩み寄ることを忘れず。これは、まさに先ほど紹介した鎌倉宗教者会議です。立場を超えて協力し合うことが、世の中をよりよい方向に変えていく推進力を生み出すのです。つまり「仲良し」です。地域のことをジブンゴト化し、チームワークをよくするカマコンは、立場や環境の壁を取っ払い、多様な価値観を共有し、人間関係をフラットにする補助装置としても機能してくれます。

鎌倉から全国20カ所へ拡散中

カマコンには、さまざまな地域から、行政や民間団体のキーパーソンが視察に訪れます。

参加した方からはよく「私たちの地域でもやってみたい」と言われます。カマコンが地域の人の一体感を生み出し、アクションを起こすためのOSであることが実感できるからでしょう。そうした声に応えるかたちでカマコン内に地方展開チームが生まれました。

導入を希望する地域の「第0回カマコン」的会合を開くお手伝いをするため、地方展開チームのメンバーから立候補した4、5人が出向きます。僕もときどきメンバーに立候補します。
現在では、福岡県の「フクコン」、東京都世田谷区の「セタコン」をはじめとして、福井県鯖江市、茨城県水戸市など、全国20カ所へ広がりました。

カマコンは次のような流れで進みます。

プロジェクトのプレゼン
↓
ブレスト
↓
アイデア発表
↓
参加表明
↓
アクション

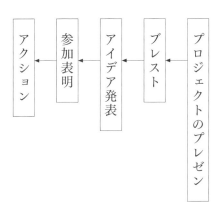

このように手法がパッケージ化されているので、どの地域でも共有可能なのが強みです。しかも「住んでいるまちが好きになるメソッド」なので、地域の人が気軽に楽しめます。

そして、全国の各地域を連携するプラットフォームが「八百万《やおよろず》の会」です。カマコン型地域活動を展開している全国各地のリーダーが、「ホスト地」として名乗りを上げた地域へ集結。定例会を行い、交流を深めています。

じつは、僕は「八百万の会」にはまだ参加したことがありません。カマコンは当初立ち上げたメンバーの手を離れ、リーダーも代替わりしていっていますし、さまざまな人にジブンゴト化されて、さまざまな展開をしています。

株主とともに地域資本を増大する生態系

地域に会社が根付いた、その先の世界としては、地域の住人がその会社の株主になるということが考えられます。２０１８年現在、鎌倉唯一の上場企業である僕たちは、鎌倉市民のみなさんが１人でも多く株主になってくれたら、と思っています。積極的に地域の株主さんを増やすにはどうしたらいいか、証券会社とも一緒に考えています。もし鎌倉市に住む株主が増えたら、社員はまちを歩くだけで株主に会うことになります。これは、企業にとって究極のガバナンスではないかと思うのです。

企業が地域にコミットするほど、地域の価値が上がり、株主に還元できる。

経済資本はもちろん、社会資本や環境資本を増大することが、企業、株主、そして地域にとって、まさに三方よしとなる。そうした生態系ができれば、地域資本は加速度的に増大していくと考えています。

数十年後、こうなっていたらいいなと思う風景があります。

鎌倉に、たくさんの上場企業が集まり、年に一度、合同で株主総会を開催します。ある会社は、お寺の本堂で、ある会社は、海辺に株主が集まります。鎌倉市に住む株主、全国から訪れる株主のみなさんが一堂に会して、その日は、お祭りのようになります。

株主も経営者も、自治体関係者もNPOの人たちも、みんなで、地域の価値を高めることにコミットする。だから、地域がもっと面白くなり、住む人にも、働く人にも、その価値が還元される。

鎌倉に住む人。鎌倉で働く人。二拠点や多拠点生活で鎌倉を選ぶ人。さまざまなかたちで、鎌倉をジブンゴト化する人たちがいて、立場も思想も違うけれど、カマコンで一緒になってブレストしている。

面白いこと、ワクワクすることが、さまざまなプロジェクトを推進する原動力になっている。一人ひとりが、自分の好きなものを追求して、住みたい場所を選び、働きたい場所を選んで働いている。

そんな風景です。

A Manifesto for
Sustinable Capitalism

Part
4
鎌倉資本主義を
かたちにすると?

まずはまちを応援することから

この章では、鎌倉資本主義の取り組みとして、現在、僕たちがどんなことを進めているのかをお話ししていきたいと思います。

鎌倉資本主義と名付けた新しい資本主義を具現化させていく最初のアクションとなったのが、２０１７年10月の「鎌倉資本主義を考える日」でした。

このとき僕が一番知りたかったのは、これまでのようにＧＤＰによる経済合理性だけを指標にするのではなく、どうすれば地域ならではのコミュニティの強さや面白さを資本として測り、地域の豊かさとして再定義できるのか、ということです。

このイベントの参加者からは、本当にたくさんのヒントをもらいました。

まず、「資本主義の現状」について共有するため、経済学者の柳川範之さん（東京大学大学院教授）には、資本主義の成り立ちから発展、現状の課題についてお話いただきました。貨幣論がご専門の山口揚平さんには、お金の未来の姿について話してもらいました。

そして、これからの資本主義を考えていくうえで、社会起業を支援するＮＰＯ法人ＥＴＩＣ．代表の宮城治男さんには、経済合理性で動くのではないＮＰＯならではの目指すべき経営指標を、パタゴニア日本支社長の辻井隆行さんからは、パタゴニアが推進する環境経営の指標をご紹介いただきました。鎌倉投信創業者の新井和宏さんには「いい会社」に投資する同社の指標をお話しいただきました。

ちなみに、パタゴニアは鎌倉に日本支社を開設しました。鎌倉投信もその名の通り、鎌倉に本社を置いています。短期的な業績だけでなく、環境や人とのつながりといった価値観を独自に指標化している会社が鎌倉を選んでいることは、偶然ではない符号を感じます。

その後のブレストでは、気鋭の起業家やNPOファウンダー、経済学者、鎌倉の老舗企業の経営者、カヤックと親しくさせていただいている総勢50人近い人たちと、さまざまな角度から鎌倉資本主義についてのアイデアを出し合いました。

そのなかでとりわけ強く印象に残った言葉がありました。

「従来の資本主義が限界を迎えているという、柳澤さんの問題意識は正しいと思う。またカマコンを通して、その問題を改善するヒントが地域にあるという直感も正しいと思う。そして何より、地域資本主義という言葉に、ビンビンと何かを感じる。

だけど、左脳的な問題解決のアプローチで取り組むより、みんなが面白いと思うものをつくるのが得意な面白法人なのだから、まずは自分たちが面白いと思うものをつくってみればいいいんじゃない？　カマコンだって、ただ面白いから続けているんでしょう？

右脳的なアプローチから入って、その結果、いつのまにか問題解決につながっている。そのほうが面白い」

確かにそうだな、と思いました。「新しい資本主義」について、ちょっと僕は難しく考えすぎていたのかもしれない。面白法人らしくそれを追求すればいい。そんな風に背中を押してもらった気がしました。

僕たちが最も得意とする「面白いコンテンツをつくる」という原点に戻って考えた結果、出てきたキーワードが「まちを応援する」仕組みでした。

地域に根差した資本主義とは、まちに深く関わっていくことで実現するものであるはずです。「まちに深く関わる」を、僕たちらしく言い換えると「まちを応援する」です。

自分たちが住んでいるまちにこういうものがあるといい。そうするとみんながハッピーになれる。それを直感的にかたちにしていこう。

そこから生まれたのが、「まちの◯◯」シリーズです。

「まちの社員食堂」オープン！

２０１８年４月にオープンしたのが「まちの社員食堂」。その名の通り、鎌倉で働く人たちが、朝食、昼食、夕食を気軽に利用できる店です。鎌倉に拠点を置く企業・団体29社（２０１８年11月現在）が会員企業として参画しています。鎌倉市内で働く人は誰でも利用できますが、会員企業の従業員であれば、食券機の食券ボタンに社名がクレジットされ、定価から割引になります。

もとよりカヤックの社員向けに福利厚生を充実させたいという思いもありましたが、従来の社員食堂は「閉じている」のが面白くないなと感じていました。

そこで、会社や組織の垣根を越えて、鎌倉で働く人が交流できる場をつくれば、そこから新しい取り組みが生まれるかもしれないし、鎌倉で働くことがもっと楽しくなるのではないか。そう考えました。

食事も、毎日同じようなメニューでは飽きてしまいます。せっかく鎌倉でやるのだから、地域ならではの魅力を活かしたい。そう考えて、地元の飲食店や料理人に週替わりでメニューを提供してもらうことにしました。シェフにとっても一企業のためにだけ腕を振るうよりもやりがいがあるはずです。お願いするお店の基準は「地元密着のお店であること」「おいしいこと」「健康によいこと」です。40店舗近くリストアップし、一軒一軒、手分けして出店のお願いに行きました。びっくりしたのは、9割以上のお店が「いいですよ」と二つ返事で受けてくれたことです。

月曜日から金曜日まで、週5日間のメニュー提供。自分のお店の営業もありますから、正直、手間のかかる話です。しかし「鎌倉で働く人を応援するなら」ということで、ほとんどのお店が快諾してくれました。鎌倉という地域コミュ

鎌倉駅から徒歩2分の場所にある。

ニティの強さを、ここでも感じることになりました。

現在、36店舗のお店が参加しています（2018年11月現在）。ミシュランの星を取ったことのある北鎌倉の「鉢の木」から、個人でケータリングをしている料理人まで、いろいろな人たちが、鎌倉で働く人を応援しようと、心を込めてメニューを提供してくれています。

鎌倉・鶴岡八幡宮のそばにある「ロミ・ユニ コンフィチュール」は、観光客にも人気のジャム専門店です。オーナーのいがらしろみさんは、カマコンのメンバーでもありますが、どうやって朝食・

木材を基調としたカフェのような空間。

昼食・夕食を用意してくれるのだろうと思っていました。

ろみさんは、大鍋を持って食堂に現れ、特製のポトフやカレーを毎日料理して振る舞ってくれました。普段、お店では食べられない料理とあって、連日の大人気。

秋田出身の地元カフェのオーナーの週には、自然薯のとろろごはんが朝食に出たりもします。最終日となる金曜日には来客が100人を超え、オーナーが用意してくれたスイカを厨房で切って、その場にいたお客さんみんなに振る舞ってくれました。

そうやって毎週、個性的なオーナーが、

お皿洗いを手伝うと
ランチが10円に!

おいしい食事だけでなく、思い出に残る日常を提供してくれています。「まちの社員食堂」の特徴は、画一的なメニューにならず、オーナーの人柄やバックグラウンドを反映した多様なメニューが楽しめること。そして、みんなでつくっているということです。

最近では、券売機に「お皿洗いでランチ10円」というメニューが加わりました。30分、お皿洗いを手伝ったら、ランチが10円になるというものです。1日2人までとしていますが、毎日1~2人が厨房に立って、お皿洗いを手伝ってくれています。「まちの社員食堂」は地産地消という点でも注目されています。地元の農家から送られてくる野菜を使った「地元野菜の20品目サラダ」というサイドメニューもありますし、最近では、畑でとれた大根やトウモロコシを届けてくれる人もいて、その日のサイドディッシュになることもあります。

何より、まちの社員食堂のいいところは、行くと必ず誰か知り合いがいて、知り合いを通して友達の輪が広がるということです。つまり、まちのなかで、人と人とのつながりを増やしていくコミュニティスペースとして機能しているのです。

友達の輪が広がり、仲良くなるだけではありません。会社の垣根を越えて、働く人たちが出会うことで、新たな仕事の取り組みにつながることもあります。そうした出会いがたくさん生まれて、鎌倉で働くことがもっともっと面白くなればいいと思っています。

週末には、フードロスゼロを目指すイベントや、地元の作家を招いたトークイベントが行われています。リアルな場だからこそ、つながりを生み出したり、発信していける可能性があると考えています。

まちの食堂会員企業一覧

株式会社ANTz
株式会社ウィルフォワード
SMBC日興証券株式会社 鎌倉支店
鎌倉R不動産株式会社
公益社団法人鎌倉市観光協会
鎌倉市役所
鎌倉商工会議所
鎌倉投信株式会社
株式会社鎌倉ハム富岡商会
NPO法人カマコン
株式会社カヤック
キサカタ合同会社
株式会社クスクス
株式会社COCO-HOUSE
ココピアワークス
Jump Start 株式会社
株式会社 千里
大和証券株式会社 鎌倉支店
たすく株式会社
株式会社豊島屋
野村證券株式会社 鎌倉支店
株式会社バディング
株式会社Huber.
株式会社b.note
ファブラボ鎌倉
株式会社プラコレ
合同会社マーチオークシー
村式株式会社
株式会社romi-unie

「まちの」プロジェクトの未来図

じつは「まちの社員食堂」は「まちの〇〇」シリーズの第2弾。第1弾として、2週間ほど先行してオープンしたのが「まちの保育園 かまくら」です。鎌倉の老舗企業である豊島屋さんとカヤックが共同で運営する企業主導型保育事業です。

鎌倉にも待機児童問題は以前からあり、カヤックの社員が産休・育休から復帰できないということも現実に起こっていました。そんな折、企業主導型保育事業を国が進めることになったので、この仕組みを使って何かできないか、と考えたのです。

「まちの保育園」は、鎌倉で働く人たちが優先して利用できる仕組みです。お寺に隣接した施設は、豊かな自然に恵まれています。子どもを安心して預けられる場所があれば、鎌倉に住んで鎌倉で働こうという人を増やすきっかけにつながるでしょう。

保育園の2階はシェアオフィスのようになっていて、子どもを預けながら親が同じ建物内で働くことができます。親同士の子育てコミュニティが生まれやすい場を提供でき、地域の社会資本を充実させるという面もあります。

また、鎌倉の企業が協力して、子どもたちのために月1回のイベントを実施していく計画もあります。単に待機児童問題を解消するというだけでなく、地域ぐるみで教育のベースをつくっていけるよう活動範囲を広げています。

築30年の洋館を改修した建物。

エンターテインメントもまちを盛り上げていく大切な要素です。2018年8月に始動したのが、「まちの映画館」です。発案者は、日本テレビの土屋敏男さん。人気を博したバラエティ番組『進め！電波少年』の名物プロデューサーです。「まちの映画館」は、鎌倉のカフェやレストランなど、どこでも好きな空間が映画館に変身するという仕組みです。

鎌倉市内には映画館がありません。大船にあった鎌倉シネマワールドが1998年に閉館したのが最後です。新たに映画館を誘致するにはお金も時間もかかります。だったら、まち全体を映画館にしてしまえばいい。そんなアイデアを土屋さんがカマコンでプレゼンし、「私も手伝いたい！」と手を挙げた人たちが集まって、実現しました。

カフェやレストランのオーナーが、月に何度か自分の好きな映画を上映します。「まちの映画館」のホームページやSNSで「今日は○○カフェで、『□□□□』上映です。ぶらりとお立ち寄りください」といったかたちで告知します。

日活と動画配信サービスＨｕｌｕの協力を得て放映できることになったので、鑑賞料はタダですが、会場が飲食店の場合は一品注文をお願いする仕組みになっています。上映会では、作品を推薦したキュレーターが見どころを紹介し、鑑賞後は、参加者がみんなで感想を語り合います。

動画配信サービスやＤＶＤの普及で、いまは自宅で手軽に映画を鑑賞できます。でも、映画館が提供していた大きな価値の１つは、好きな映画を共有できる「場」であるということです。

かつては、まちの中心にあった映画館。それを、少し目先を変えて、鎌倉で再現したい。そして、ただ映画を楽しむ場を提供するだけではなく、せっかくならば映画を媒介にして人と人がつながれるコミュニティを生むきっかけにしたい。同じ映画を見ても人それぞれ驚くほど感想は異なります。それを聞くだけでも面白いし、映画を通して人が仲良くなったら面白い。「まちの映画館」が生まれた背景には、そんな思いがありました。

２０１８年９月のオープニングイベントでは、土屋さんが監督を務めた、萩本欽一さん主演のドキュメンタリー映画『We Love Television?』をレストランで上映し、土屋さんと萩本さんのトークショーも行いました。

上映時間を夜9時半など遅めに設定して、「子どもを寝かしつけてから、息抜きにどうぞ」と提案できるような工夫もしています。これも地域の映画館だからこそできることです。

人が足りない問題は「まちの人事部」で解決

鎌倉の人口は18万人。そのうち15歳以上の就業者・通学者は8万人ほどです。市のデータによると、鎌倉市内の会社や学校へ通ったり、鎌倉市内にある自宅で仕事をしている人は8万人のうち2万8000人ほどいます。それに対して、鎌倉市以外の会社や学校へ通っている人はその約2倍の5万人ほどです。

つまり、鎌倉で暮らしながら市内で働く人よりも、鎌倉市以外へ出て働く人のほうが圧倒的に多い（データはいずれも「15歳以上就業者および通学者数」平成22年10月1日現在）。

鎌倉の年間観光客数は2000万人を超えています。人気観光地ですが、日帰りで訪れる人が多いことから、観光収入は限られています。一方で、リタイアして移住してきた富裕層が多いため、市の財政は安定していました。市民税と固定資産税が潤沢でした。しかし、今後人口が減っていくと当然ながら税収も減ります。もっと若い人に移り住んでもらわなければ、まちの活力も失われます。そのためには鎌倉で働ける場所を増やさなくてはなりません。

こうした問題への取り組みとして生まれたのが「まちの人事部」です。


プロジェクトのきっかけはやはりカマコンでした。

「まちの人事部」を動かすのは、鎌倉に拠点を置く会社の人事部長さんたちです。2カ月に一度集まってもらい情報交換を行うほか、合同で進める活動が3つあります。

1つ目は、合同採用説明会。鎌倉で働く人を増やすためのベースとなる活動です。

2つ目は、合同研修。新卒の社員研修や教育活動などを一緒に行います。たとえば、建長寺を借りてマインドフルネス研修を取り入れたりすることも考えています。

3つ目は、リタイア人材のデータベース化。鎌倉には、かつて大企業の幹部で、いまは引退して地元で暮らしているという人がたくさんいます。そういう人たちと、ベンチャー企業やこれからの起業家たちをつなぎ、たとえば顧問になってもらうなどのかたちで応援してもらえないか。

人事の悩みを持つ鎌倉の企業同士のつながりと、定期的な勉強会や情報交換の場をつくるという意味でも、今後「まちの人事部」が活動する分野は増えていくでしょう。

働き方が多様化するなかで、1社に就労するのではなく、「鎌倉という地域に就労する」という考え方もできます。地域内で人材を共有するという価値観が広がれば、優秀な人材を地域に根付かせ、地域活性化へとつなげていけます。

このほかにも、まちのシリーズは、「まちの社員寮」「まちの大学」「まちの保健室」「まちの本屋さん」などを現在検討中です。

もちろん、うまくいくプロジェクトもあれば、そうではないプロジェクトもあるはずです。けれど、これからも「まち」に住む人、「まち」で働く人を楽しくしていくためのプロジェクトが、カマコンから次々と生み出されていくでしょう。

ファブシティ構想の広がり

「まちの○○」シリーズのほかにも、鎌倉資本主義の一環として、クリエイティブとテクノロジーの力でまちの課題解決を行おうという「ファブシティ」構想が動き出しています。

ファブラボというのは、2002年にMIT（マサチューセッツ工科大学）の学外研究から始まった実験工房です。3Dプリンタやレーザーカッターなどのデジタル工作機器と作業スペースを備えたものづくりのための知識や情報の交換の場です。世界100カ国、1500カ所まで広がっています。日本で初めて、その拠点となったのが鎌倉です。

ファブラボ鎌倉は、明治時代に秋田県湯沢市に建てられた造り酒屋の酒蔵を移築した「結の蔵」のなかにあります。定期的に講習会を開催し、テクノロジーに馴染みのない人にもデジタルファブリケーションを用いたものづくりを体験してもらい、地域の活動として認知してもらうための取り組みもしています。

秋田の造り酒屋の酒造を移築した建物の
中にあるファブラボ鎌倉。

デジタルテクノロジーを使った
ものづくりの講習会。

洗剤の使用済み詰め替えパックからつくった
再生樹脂ブロックでできたオブジェ。

鎌倉の課題をクリエイティブとテクノロジーの力で解決できないかと考えているとき、大手メーカー花王のリサイクルの技術と出合いました。

花王は、家庭から出た洗剤や柔軟剤などの使用済み詰め替えパックを回収し、再生樹脂ブロックにつくり替えるというすばらしい技術をもっています。その技術で鎌倉の課題を解決できないかと生まれたのが「鎌倉リサイクリエーションプロジェクト」です。ただ、「ゴミを減らそう」というだけでは地域の人の心に響かない。だったら、ゲームにしてしまおう、地域の人が面白がって参加できるものにしようと思いました。「リサイクル」と「クリエーション」で「リサイクルクリエーション」です。

鎌倉市役所前に回収ボックスを設置して、各家庭から使用済み詰め替えパックをどんどん持ってきてもらい、「等身大江ノ電」と鎌倉在住の漫画家・安野モヨコさんのキャラクター「オチビサン」のオブジェが完成。市役所前にディスプレイされました。わざわざ写真を撮りにくる人もいるくらいで、観光資源としても一役買っていました。

デジタルファブリケーションは、環境問題についても解決のヒントをくれます。自宅や教室が工房になり、誰でも自宅の３Ｄプリンタを使って必要なモノをつくり出すことができます。

今日はコップだったものが、明日はスリッパになるかもしれない。そうなるとモノの価値が変わり、循環が当たり前になります。社会の環境は大きく変わります。大規模な設備投資や長距離輸送を必要としない新しい製造業への転換です。１００％自分好みのモノを自分で手軽につくり出すことができれば、無駄な買い物をすることもなくなります。

スペインやオランダでは、単に身近なモノをつくる技術としてだけでなく、家そのものをつくる研究や、都市計画にまで及ぶ壮大なプロジェクトも動き出しているそうです。

２０１８年７月、鎌倉の松尾崇市長がフランスのパリで開催されたファブシティ・サミットにおいてファブシティ宣言をしました。カヤックもこの宣言に賛同して、ファブラボ鎌倉と協業し、新たなものづくりを通じた地域活性化に取り組んでいます。

尖がった地域オリジナルコンテンツをつくる

鎌倉で始まった「まちの○○」シリーズは、鎌倉に拠点を置く僕たちが、鎌倉という地域の風土、文化のなかでかたちにしてきたコンテンツです。

これは、あくまでも1つの取り組みに過ぎません。他の地域では、僕たちが思いつかないようなその地域ならではの「まちの○○」が誕生したら面白いと思います。地域の規模や気候によっても違うでしょうし、どんな企業や市民団体がリーダーシップを取るかによっても変わってくるでしょう。

僕たちの活動のなかで言えば、「まちの社員食堂」は、多様な地域の課題を解決できる突出したコンテンツだと考えています。

ランチ難民問題に悩んでいる都心でも、地域の飲食店が連携して「まちの社員食堂」を運営していくことができるかもしれません。そもそも近隣に飲食店が少なく、そこで働く人たちが不便を感じているようなまちを、働きやすいまちに変えることもできるでしょう。

企画を考えるとき、僕は「いかに第二段階までジャンプさせるか」ということを意識します。社員の福利厚生のために社員食堂をつくるというのが第一段階の発想だとしたら、どうしたらそれを、もっと面白く独自性のある企画に昇華できるかということを考えるのです。それは、違う視点や、異なるものとの組み合わせから生まれたりします。「まちの社員食堂」の場合は、単なる食堂にとどまらず、「つなげる場所」というコンセプトにしたことによって、ほかにないコンテンツとして楽しんでいただけるようになりました。

仮に、新たに「まちの自転車」という企画を立ち上げるとします。名前の響きからは、まちのみんなで使えるシェア自転車なのかなと想像がつきます。しかし、そういうものはすでに各地にあります。では、どうすれば第二段階までジャンプさせることができるのか。

ブレストでも、よくこうしたテーマでアイデアを出し合うのですが、たとえば、高齢者支援と組み合わせてみる。ご高齢の住民がアプリで呼べば、市の職員やボランティアの人が無料で屋根付き三輪自転車で駆けつけてくれる。こんな仕組みだと、職員にとっても楽しくおしゃべりしながらメタボ改善になるかもしれません。そうなると単なるシェア自転車にとどまらない新たな価値を生み出す可能性も出てきます。

高齢化の進む地域では、クルマの自動運転の実用化が期待されていますが、便利さだけではなく、人と人のつながりまでデザインできたら、もっと面白い。これが発想のジャンプの面白さであり、人とのつながりや環境への貢献を考えることが地域資本主義の新しいかたちにつながっていきます。

このように直感的に思いついたアイデアを第二段階へ押し上げていくところが、「まちの○○」シリーズの面白さであり、やりがいのあるところです。

地域ならではの突出したコンテンツを生み出すためのフォーマットが「まちの○○」なのです。そして、そうしたコンテンツを生み出し、地域のみんなで始動させていくためのOSとしてカマコンがあります。

地域の課題を共有し、ジブンゴト化する。地域資本を増やすようなコンテンツが生まれたら、企業が応援して地域に根付かせる工夫をしていくことで、地域資本がさらに豊かになります。

ラディッシュ
(二十日ダイコン)
各1束
100円
オクラ
1袋
200円
つるむらさき
1束
ベル型
ピーマン
1袋
100円

A Manifesto for
Sustinable Capitalism

Part 5

地域資本主義はどこにいくのか?

地域コミュニティという
プラットフォーム

ここまで、僕たちの考える地域資本主義についてお話ししてきました。

- 何をするか――地域経済資本（財源や生産性）
- 誰とするか――地域社会資本（人のつながり）
- どこでするか――地域環境資本（自然や文化）

この3つの資本を指標化し、最大化していくことで、従来のGDPのような指標では計測できなかった価値や豊かさを追求していくことが、僕たちの考える地域資本主義です。

カマコンのように地域に根付いた自発的なコミュニティは、地域社会資本そのものであると同時に、こうした資本を最大化していくためのＯＳといえるのではないかと考えています。

鎌倉市で70回の歴史を持つ鎌倉花火大会は、その典型的な事例かもしれません。

２０１７年、一度は開催中止が表明された大会でしたが、「鎌倉にとって大事な行事。中止するのは残念」という市民の声が多く、カマコンでも、何かできないかと有志たちがブレストしました。豊島屋をはじめとする地元の民間企業が乗り出し、鎌倉専用クラウドファンディング「ｉｉｋｕｎｉ」はもちろん、市内のさまざまな店舗で募金を募り、１０００万円を超える寄付を集め、開催にこぎつけたのです。

環境にも配慮して、鎌倉の山や寺社などから切り出した剪定廃材を使って火薬をつくり、花火の材料にしました。自治体だけに頼らず、企業やＮＰＯが一体となって、地域にとって大切な資本を守った事例なのではないかと思います。

地域の課題をジブンゴト化して解決していく。その結果、地域経済資本だけではなく、地域社会資本や地域環境資本が増大していく。おそらく、民間企業やNPOに張り巡らされたネットワーク、そしてカマコンのようなコミュニティ活動は、これら3つの資本を増やすために必要なOSではないかと思うのです。

前章でご紹介した「まちの○○」シリーズなどは、コンピュータにたとえるなら、OS上で起動するアプリということになるのかもしれません。どんなに面白いアプリをつくったとしても、OSとなるコミュニティがない限り作動しないのです。

いま、いろいろな地域で、さまざまなかたちのアプリが生まれていますが、うまくいっているアプリにはほぼ例外なくそのOSとしての強いコミュニティがあります。

地域の魅力を考える

それでは、そもそも、地域固有の資本とは、いったいどんなものがあるのでしょうか。それは、地域によって異なります。

カヤックが「面白さ」を「多様性」と考えていることは、ご紹介したとおりです。

そもそも僕たちが「面白法人カヤック」と名乗ったのは、世の中の選択肢を増やしたかったからです。だから、カヤックは「面白い」会社をつくり、面白い社会を目指しました。多種多様な選択肢があるほうが、よりたくさんの人が幸せになれます。これは地域においても一緒です。

多様性の視点からいまの日本を見てみると、地方の幹線道路沿いはどこも同じような街並みで、どこもみんな東京になろうとしているかのようです。東京の簡易版とか、縮小版が本物の東京より面白くなることはありません。

景観においても、コンテンツにおいても、地域独自のよさを誰にでもシンプルに届くかたちで伝えていくことが、その地域のファンを増やすことにつながります。

鎌倉の持つ地域資本

それでは、鎌倉が持つ地域資本には、どのようなものがあるのでしょうか。

鎌倉は、都心まで電車で55分のアクセスでありながら、美しい自然がありま す。海と山に近く、歴史あるお寺や神社という文化資本に恵まれ、それがいず れも歩いていける距離にあるのが大きな魅力です。それを守り伝えるための景 観条例が整備され、住民たちが景観を守る努力を重ねています。それもあって、 住みたい街の上位にランクインしています。

そして、そういった景観などのハード面とは別に、ソフト面での鎌倉の魅力 を考えてみます。それは「多種多様な価値観を受け入れる土壌」と「新しい文 化を生み出す力」と「世界に向けての発信力」だと考えています。

たとえば、鎌倉はナショナルトラスト発祥の地でもあり、一説にはＮＰＯの発祥の地とも言われ、非常に数多くの市民団体が存在します。カマコンが生まれたのも、そうした背景があるのかもしれません。また、多種多様な価値観を受け入れる土壌があったからこそ、前述した鎌倉宗教者会議のようなものが生まれたのだとも思います。

鎌倉にある建長寺は、日本における禅の源流の1つです。武家社会に広まった禅宗は、その後の日本文化に大きな影響を与えました。日本の禅文化を海外に広く発信した仏教学者・鈴木大拙が居を構えたのも鎌倉です。

昨今、禅やマインドフルネスが再び注目されていますが、鎌倉という土地が育んできた文化や価値観が、個人の内面と向き合い、深化させることと通じるのかもしれません。やはりカマコンから生まれた国際的なマインドフルネスフォーラムである「Ｚｅｎ２・０」も、毎年、この建長寺を会場に開催され、世界各国の禅やマインドフルネスの第一人者たちが集う場となっています。

「つながるまち」鎌倉

２０１５年に国連サミットで採択されたＳＤＧｓ（Sustainable Development Goals／持続可能な開発目標）は、持続可能な世界を実現するための国際目標です。「貧困をなくそう」「住み続けられるまちづくり」など、17の目標で構成されています。

日本では、ＳＤＧｓ未来都市の10都市の１つに鎌倉市が選ばれました。歴史と文化を継承しながら、働く場所、交流する機会を増やすまちづくりのビジョンを掲げており、「まちの社員食堂」は、その取り組みの１つとして位置付けられています。

鎌倉市では「共創型未来都市」をスローガンに掲げていますが、僕たちは、鎌倉市の方針をカジュアルに捉え直して「つながるまち」として解釈したいと考えています。

僕たちが考える「つながる」には4つあります。「仕事でつながる」「助け合いでつながる」「ライフスタイルでつながる」「遊休地でつながる」のそれぞれが、互いにつながって地域を活性化させていくイメージです。それぞれに社会資本や環境資本を増大させることにつながるコンテンツがつくれそうです。

子どもからシニアまで楽しめるカマコンは、まさに「助け合いでつながるまち」の象徴です。また、鎌倉には大きな土地がないぶん、スキマ活用が盛んな「遊休地でつながるまち」です。そう考えると「空き家」も人々がつながるためのスペースとして利用できるかもしれない、そんな発想も生まれます。

2018年7月、鎌倉市は、鎌倉テレワーク・ライフスタイル研究会の研究会準備会を開催しました。働き方改革の一環で、テレワークを推奨する企業が増えています。たとえば「週に2日はオフィス以外で仕事をする」ような働き方です。都内から電車で1時間足らず、海と山に囲まれた鎌倉でテレワークをしてもらうことで、鎌倉で働く人を間接的に増やす。そんな取り組みです。

カヤックでは、この市の動きに対しても連動するかたちで、2018年8月、鎌倉駅そばにコワーキングスペース「パートナーオフィス」をオープンしました。過去5年間にカヤックとお取引いただいた企業に勤める人であれば、誰でも利用できます。

鎌倉に本社を置くカヤックにとって、鎌倉で「働く人を増やす」ことは、採用にも直結する重要なテーマです。

さらに、働く人たちが、会社や組織の垣根を越えてつながり、新しい取り組みが生まれたら、もっと面白い。そう考えています。

「仕事でつながるまち」は「ライフスタイルでつながるまち」との相乗効果で、クリエイティブな働き方を実現します。実際にカヤックの取引先の担当者でも、湘南界隈に住んでいる人はたくさんいますし、普段都内で働いている人が、たまには鎌倉に来て1日仕事をしよう。そんなシーンで使ってもらえたらと思っています。

　こうした場を「まちの社員食堂」などと組み合わせていくことで、「つながるまち」を実現し、鎌倉で働く人たちが集うもっと面白い生態系をつくっていきたいと考えています。

仕事でつながるまち

- 海の家で…商店街で…
  鎌倉ならではの働き方
- 都市と離れ
  ゆっくり流れる時間の中で働く
- 観光だけでも仕事だけでもない
- 地域に開かれた仕事場がある
- テレワーク/ドロップイン

まちなかに
働く場所も
観光の場所も
溶け込んでいく

遊休地でつながるまち

- 大きな土地はないぶん
  スキマが活用されている
- 観光地も将来的には分散していく
- 渋滞の緩和にもつなげる
- 防災都市づくりにも空き地を活用
- ポケットパーク

ハンデを生かして
価値に転換

カヤックが想い描く鎌倉「つながるまち」

助け合いでつながるまち

- 若い人がたくさんいて、
  地域活動に積極的に参加
- 子どものときから
  地域のコミュニティに属している
- 子どもや若い人とシニアとの
  関わりしろがある
- 都市経営の仕組みが
  民間で回っている

交流人口、関係人口
双方を受け入れる土壌に

クリエイティブな
働き方

交流人口を
関係人口へ
変容させる価値

ライフスタイルでつながるまち

- アトリエタウンとしての機能がある
- リセットしにくる街、ショートステイ
- 定年間際の移住、第2のふるさと
- 禅／ヨガ／フラ
- まちの◯◯

A Manifesto for Sustinable Capitalism

Part 6

テクノロジーで何ができるか?

地域通貨の可能性

鎌倉資本主義は、経済資本・社会資本・環境資本の3つの資本を地域資本として捉え、指標化を通じて増大していくという活動です。

このうち経済資本を測る指標は、企業で言えば時価総額、国で言えばGDPなど、いわゆるお金（法定通貨）というモノサシです。

そのように考えると、地域経済資本の増大を考えるとき、地域ごとのGDP、つまり国内生産ではなく域内総生産（GRP）にもっと目を向ける必要があります。地域別のGDPでもいいですし、その自治体の税収合計でもいいかもしれません。この課題についてもやれることはたくさんあります。地元の商工会議所に属する企業の合算売上を毎年指標として開示し、それを伸ばそうという目標を掲げるだけでも、域内総生産の増大に向けた力学が働くような気がします。1960年代に池田勇人内閣が掲げた「所得倍増計画」が高度経済成長を後押ししたように。

一方で、地域社会資本や地域環境資本については、そもそも、これまであまり定量化されてきませんでした。その価値を測定するとき、それを測るモノサシとして、果たして既存のお金（法定通貨）だけでよいのかは、議論が分かれるところです。

ここまででも何度かお話しした、「鎌倉資本主義を考える日」の議論でも、そのような意見が出ました。

「社会資本や環境資本というものは、いままであまり定量化されてこなかった。それを、すでに定量化されている売上や利益のモノサシである法定通貨で測るには無理がある。」

たとえば、人とのつながりやコミュニティの力を経済価値に換算することはできる。でも、それでは、最終的な価値の出口が法定通貨となり、ＧＤＰの限界を解決することにはつながらない。だから、新しい価値を測る通貨をつくる。それにはブロックチェーンの技術が最適だと思う」

「ブロックチェーン」については、解説書がたくさん出ていますので、詳しく知りたい方はそちらのほうを読んでいただきたいのですが、簡単に言うと、個人間の金融取引を記帳する仕組みをインターネットで行うための技術です。これまで銀行を介して行われていた金融取引は、インターネットによって個人間で瞬時に行われるようになり、個人が通貨をマイニングすることもできるようになります。仮想通貨を発行したり管理するための基幹技術としても注目されています。

鎌倉資本主義というものについて考え始めた当初は、そこで地域通貨が果たす役割について、それほど具体的なビジョンはなかったのですが、このときの議論をもとに「新しい価値を測る通貨」について、研究を重ねました。そこから生まれたのが2018年8月に設立した新会社QWAN（クワン）です。

QWANでは、ブロックチェーン技術を使って地域コミュニティ通貨の発行や管理、そして地域ファイナンスに関わるサービスを提供していきたいと考えています。

僕たちの考える通貨構想をお伝えする前に、まずは既存の地域通貨もいくつか事例を見ていきましょう。

よく知られている地域通貨の1つに、神奈川県相模原市の藤野地区で発行されている「よろづ」があります。1萬《よろづ》には1円の価値があります。紙幣ではなく、通帳型の手帳を使ってやりとりします。

「よろづ屋」という地域コミュニティのメンバーになった人たちがそれぞれに「自分にできること」と「誰かにお願いしたいこと」と連絡先を情報共有し、一対一での取引を行います。

Aさんが「500萬で、棚を吊ってほしい」と希望し、日曜大工が得意なB

さんがそれに応えるとします。作業を行ったBさんの手帳にはプラス500萬、依頼したAさんの手帳にはマイナス500萬と、互いに記入し合います。

別の機会に、Cさんの「子どもの髪を切ってほしい」というお願いに、Aさんが応えたら、Aさんの手帳がプラス500萬、Cさんの手帳がマイナス500萬となります。

このようにして、「よろづ」が流通することによって共生のためのネットワークが生まれています。


千葉県いすみ市でも、「米《まい》」という通帳型の地域通貨が2016年にスタートしました。「自分ができること」と「してほしいこと」を交換して、人と人がつながるコミュニティツールとして活用されています。円は一切使わずに100%米《まい》だけを使って買い物や取引ができる「米ケット」の開催もユニークです。

東京・国分寺の「ぶんじ」は、「ことばを贈る地域通貨」です。メッセージカードのようなつくりで、誰かのやさしさや丁寧な仕事に対して感謝の気持ちを伝えたいときに使います。
カードの裏側に「トマトありがとう」「お迎え助かりました」などと、書き込める欄があり、通貨が地域をめぐればめぐるほど、ありがとうの軌跡が通貨に刻まれていくという仕組み。そして、その地域通貨は、お店で円で支払うときの補完にも使えるのだそうです。

こうした地域通貨に共通することは、人と人とのつながりを大切にして、それを目に見える通貨として流通させていることです。つまり「地域通貨の流通量＝人と人の関係性の総和」と考える。つまり、地域通貨の流通量が増えることが、地域社会資本の増大に直結する。地域資本主義のうち、社会資本を測るモノサシとして、地域通貨には大きな可能性がある。そう考えています。

そもそも、法定通貨の起源は、1694年に誕生したイングランド銀行の発行する貨幣が、法定通貨とされたことに遡ります。それまでは、それぞれの銀行やギルドの発行するお金がさまざまなかたちで流通していました。中央銀行が法定通貨を発行するようになったのは、意外と最近のことです。

法定通貨が存在しなかった時代は「記帳」を通じて商取引が行われていました。「よろづ」のように、棚を吊ってもらったら、それが貸し借りとして記帳されていくわけです。

そう考えると、最近の地域通貨の潮流は、インターネットの普及によって、かつてあった経済活動のかたちが再び出現しているといえそうです。

もう少し専門的な話を続けます。

現在流通している通貨の特徴の1つに「匿名性」というものがあります。これは、Aさんからもらった1000円も、Bさんからもらった1000円も同じ価値を持つというものです。よく「お金に色はない」と言われますが、これは誰にもらったかで価値が変わらないということでもあります。

この匿名性がなければ、モノサシとしては複雑になってしまいますから、貨幣経済は現在のようなかたちでは発展していなかったでしょう。ただ、匿名性の弊害ももちろんあります。たとえば、環境にいい事業を通じて儲けた100万円も、環境を破壊して得た100万円も、同じ価値として測られる、といったことが生じます。

一方で、「よろづ」や「米《まい》」のような取引は、取引する相手の「顔」が見えます。この「顔」が見えるということ、言い換えるなら、人のつながりの可視化というところに、地域通貨の大きな可能性があると考えています。

地元でとれたものを地元で消費する地産地消は、GDPでは計測しづらい取引です。長距離輸送で運ばれたり、問屋や仲買をたくさん経由したりするほうが、GDP上は大きな数字となります。お隣りの畑でとれた大根とうちの畑でとれたミカンを交換するような物々交換は、GDPにはまったく反映されません。最近注目を集めているシェアリングエコノミーも同様で、その市場はGDPに反映されておらず、算入に向けて政府が検討を始めたばかりです。GDPというモノサシでは取りこぼされてしまう、こうしたやりとりを可視化する意味でも、地域通貨には可能性があります。

人と人との
つながりを増やす通貨

QWANは、鎌倉資本主義が提唱する、地域社会資本や地域環境資本を測る指標をつくることを目的に設立した会社です。

現在のお金（法定通貨）には、「匿名性」や、「金利」という特徴があります。それは、とても便利な性質である一方、地球環境汚染や富の格差の拡大という問題が、そうしたお金の性質によって引き起こされていることも否定できません。

だとすれば、その逆の性質を持ったお金を、地域通貨として流通させることはできないだろうか。

たとえば、人におごると増えるお金。人と人のつながりを可視化するお金。使わずに貯めておくと、価値が減ってしまうお金。

幸い、ブロックチェーン技術の進化によって、従来では可視化されてこなかった価値を顕在化することが可能になっています。地域ごとに、自分たちが大切にしている価値に合わせて、通貨の価値を変動させることも、それを絶えずダイナミックに変動させることも、技術的には可能です。誰から誰の手に通貨が渡ったか、可視化することもできます。

つまり、自分たちの実現したい世界に合わせて、さまざまなお金のかたちをデザインすることが可能な時代になっているのです。

現在、僕たちがQWANでつくろうとしているのは、人と人とのつながりを増やすことに特化した地域通貨です。

近い将来、僕たちは、属しているコミュニティや好きなものによって、さまざまな種類の通貨を持つ時代になる。そう思っています。企業も、さまざまな種類の通貨で給料を払うことになる。会社ごと、個人ごとに大切にしている価値観は異なりますから、さまざまな通貨のかたちがあるのが自然だと思うのです。

そして、世界初の中央銀行であるイングランド銀行が誕生する前にそうであったように、経済圏やコミュニティごとに通貨が流通する時代がくると考えています。

ちなみに、僕たちが地域通貨をつくるにあたっては、面白法人が得意とするエッセンスを入れたいと思っています。それは「使うと面白い」ということです。

日常のちょっとした行動のなかにも、人と人とがつながるアクションをデザインし、そのアクションを行うたびに、通貨価値が増えたり減ったりすれば、ゲームのようにみんなが楽しめる、その結果として、まちがさらに好きになるようにできたらと思っています。

地域通貨の獲得と利用

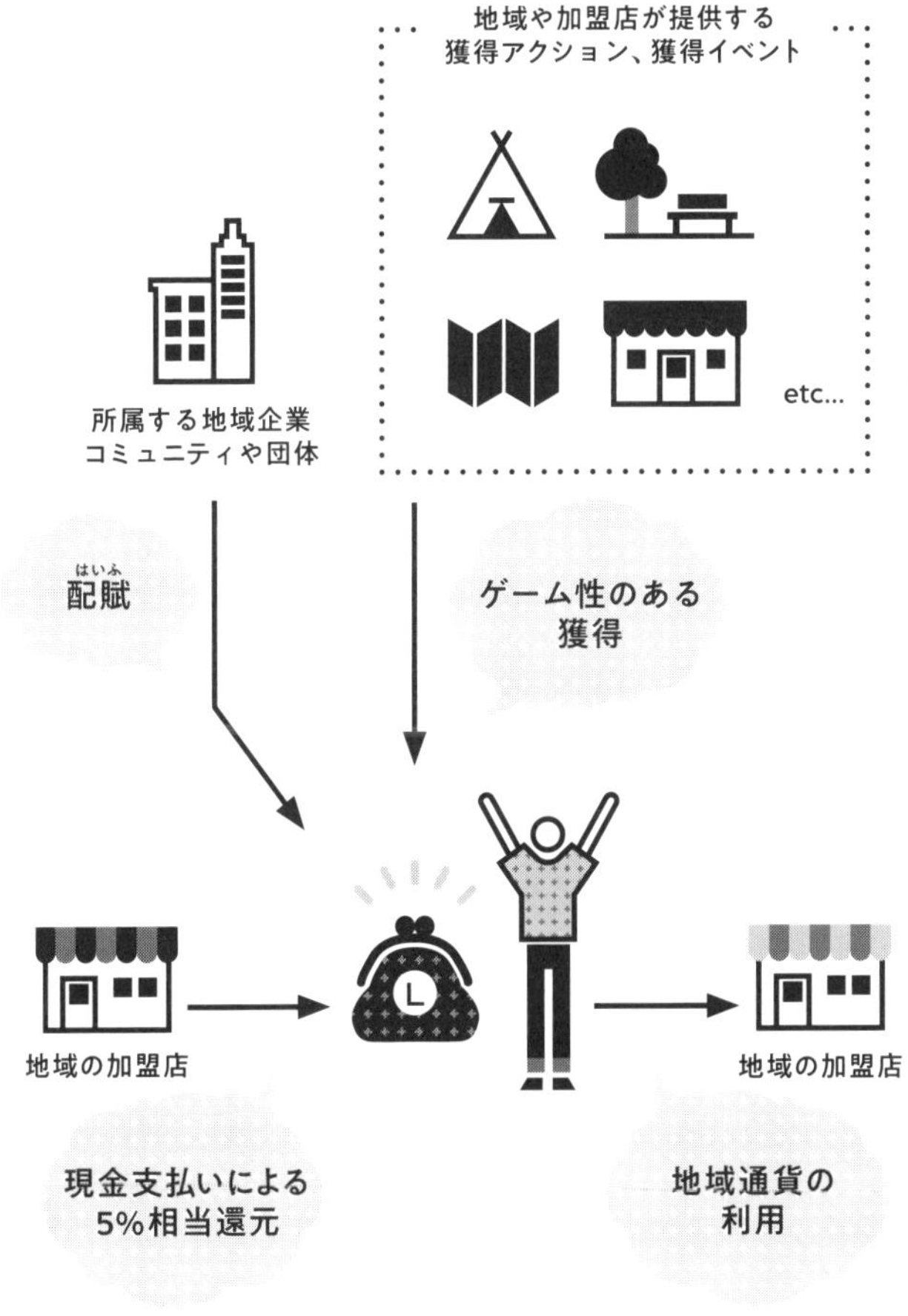
地域や加盟店が提供する
獲得アクション、獲得イベント
etc...
所属する地域企業
コミュニティや団体
配賦《はいふ》
ゲーム性のある
獲得
L
地域の加盟店
地域の加盟店
現金支払いによる
5%相当還元
地域通貨の
利用

ICOという可能性

ブロックチェーンを中心としたテクノロジーを地域活動に取り入れると、これまでにはなかった構想も広がっていきます。

仮想通貨を利用した資金調達の方法に、ICO（Initial Coin Offering）があります。企業が資金調達をして株式公開することをIPO（Initial Public Offering）と言いますが、その仮想通貨版のようなものです。つまり、事業を行うために、仮想通貨で市場から資金を調達するのです。最近では、2018年6月に岡山県西粟倉村が地方自治体として初めてICOを使った資金調達の実施を発表し、話題になりました。

地域が地域通貨を発行・流通させるには、まずは運営していくための元手が必要です。それをＩＣＯの仕組みを使って調達するといったことも考えられます。こういった打ち手もブロックチェーンを使った仮想通貨の大きな魅力の１つです。また、ある期間中に使わないと価値が低くなるというように消費期限を設けたり、第三者が持っていると価値が上がるという投機的な機能もつけることができます。

投機的要素は賛否両論あると思いますが、応援している地域の価値が上がると自分の資産が増えるというのは面白いのではないでしょうか。そういう仕組みをつくることにもブロックチェーンは適しています。

行き過ぎた投機は、問題がありますが、適量の投機的な要素は面白さにつながります。既存の資本主義を否定するのではなく、「面白い」という要素は通貨の普及にはきわめて重要だと思います。

地域通貨を普及させる仕掛け

通貨が普及する一番のポイントは、ユーザーを増やすことです。

地域通貨も同様です。Ｓｕｉｃａのような電子マネーをイメージしていただければいいと思います。いまでは、多くの人が持ってさまざまな場所で使えるようになりました。

地域通貨も、その地域の人なら誰もが持っていて当たり前という状態にまで普及することが大事です。ただ、このような状態になるまでには時間がかかります。

では、普及させるためにはどうすればいいのか。

地域通貨との親和性を考えるとき、たとえば野球の球団やサッカーチームを擁している地域は有利です。

最近では、横浜ＤｅＮＡベイスターズが地域経済活性化を目的とした電子地域通貨の開発を発表しました。球団が掲げる「横浜スポーツタウン構想」のまちづくり構想の一環です。

地元の人たちが支持する球団というのは、いわば地域のキラーコンテンツです。スタジアムに応援に行き、グッズを購入し、周辺の飲食店で食事をするかもしれません。キラーコンテンツが人を呼び、地域通貨のユーザーが増え、流通量が増えるという仕組みです。

つまり、新しい地域通貨を普及させるには、地域に密着したキラーコンテンツをその受け皿にしていくことが１つの方法論になります。

鎌倉では、その第一歩を「まちの社員食堂」にしたいと考えています。つまり、ＱＷＡＮで発行する鎌倉の地域通貨は「まちの社員食堂」で使えるようにする。もともと「まちの社員食堂」は、人と人とのつながりを増やすための場所です。きっと面白い地域通貨の使い方が設計できるのではないかと思っています。

たとえば、隣の人にビールをおごったら通貨が増えるとか、一緒におしゃべりしながら皿洗いをしたら増えるとか、いろいろな企画が考えられます。また「まちの社員食堂」に参画してくれている地元企業と連携して、各社のサービスや従業員への福利厚生に地域通貨を取り入れるなど、働く人が楽しめるようなやり方を一緒に考えていきたいと思っています。

カマコンというコミュニティも社会資本を増やすための活動です。カマコンのプロジェクトに参加すればするほど地域通貨が貯まるようにする、といったことも可能です。

地域通貨の流通量が人と人の関係性の総和になることが目的ですから、地域通貨の流通量が増えることは、地域社会資本の増大に直結するのです。

ＱＷＡＮではそうした地域通貨の発行や、流通量の測定などを技術的な力で可能にすることを目指しています。

人と人のつながりやコミュニティといった社会資本を増やすために、それを可視化する。そのモノサシとなる地域通貨を発行し、「まちの○○」シリーズのような特徴あるコンテンツを通じて通貨を普及させていく。

地域資本主義を増やしていく生態系をつくるための要素がこれで出揃いました。

地域と人と企業を結びつける移住サービス

鎌倉資本主義の取り組みと並行して、カヤックとして立ち上げたサービスがあります。移住したい人と移住を受け入れたい地域をつなぐ「ＳＭＯＵＴ（スマウト）」です。

都心から地方へ暮らしやすさや豊かな自然環境を求めて居住地を移す人や、第二拠点の地を探す人、地方でベンチャーを起業したい人が最近増えてきています。どこで暮らすか、どこで働くかを、自由に選ぶ時代に入ってきました。

「どこでするか」を重視するカヤックとしては、「移住したい人」と「地域に関わりたい人」をさまざまな地域とつなげることで、地域資本主義をさらに多くの地域へ広げていけないかと考えました。

地域ごとに移住促進サイトや移住説明会といった取り組みはこれまでもありました。しかし、そもそも移住先が決まらないと、最初の一歩が踏み出しづらいという声もありました。

前にも書きましたが、カマコンというOSが全国20カ所に広がったおかげで、活性化に取り組むさまざまな地域とのネットワークが構築されています。このつながりをベースに、どこかに移住したい人が自分のプロフィールを登録すると、地域からその人にスカウトが届くというサービス「SMOUT」を始めました。

これまでは、移住しようと考えたとき、家族や親類の住む場所に移る人が多かったと思います。あるいは、都会で働いていた人が、リタイアした後に、自分の好きな土地に移住するということもありました。

けれども、インターネットの普及や働き方改革によって、働き盛りの世代でも、必ずしも都会に住む必要はなくなってきています。住みたい場所、働く地域を自由に選ぶことができるようになってきました。リリースから3カ月足らずで、SMOUTに1000人を超える移住希望者の登録があったのも、そんな背景があるのでしょう。

SMOUTでは、たとえばコックさんが自分のスキルや経験を登録すると、コックさんを募集している地域や自治体からスカウトメールが届きます。これはシンプルなスキルマッチングですが、もう1つ大事なポイントがあります。それは、インターネット上のやりとりや、その後の訪問を通じて、それまで接点のなかった地域との関係性が育まれていくということです。

SMOUTでは、関係人口を数値化し、可視化することにトライしています。関係人口とは、定住でも観光でもなく、ルーツを持ったり、関心を寄せたり、年に数回訪れたり、その地域に投資するなど、なんらかの中長期的な関係を持つ人のことで、関わり方は人それぞれです。

その関係人口のなかでも、インターネット上における地域への関心を可視化しようと、「SMOUTネット関係人口」というものを独自に定義しました。注目が集まり、盛り上がっている地域であれば、インターネットやソーシャルメディア上でも、さまざまなやりとりや情報収集が行われているはずです。

そこで、地域ごとに「ＳＭＯＵＴネット関係人口」をスコア化し、ランキング形式で公開しています。

いまスカウトを実施している地域は64。２０１８年9月現在、スコアランキングの1位は島根県海士町、2位が岡山県西粟倉村、3位が北海道下川町です。

フォーマットを「輸出」する

移住するには、仕事や住まいなど暮らしていくうえで最低限必要なことに関する情報も大切ですが、一番必要なのは人とのつながりです。地域のキーマンとつながることができれば、地域のよさもダイレクトに伝わります。

ＳＭＯＵＴというプラットフォームに載ることで、地域と人の出会いが増え、新しい関係性が生まれるのなら、それは社会資本を増大させるお手伝いになります。

さらに新しい取り組みとして、「地域おこし協力隊」としてすでにどこかの地域で活動している人に、「副業でカヤックのリモートメンバーになり、一緒に働きませんか」という募集をかけたところ、予想以上の反響がありました。

地域おこし協力隊は、国から支援を受けながら、一定期間、地方に移り住み、地域の活性化に取り組みます。都市部などからその地域へ移り住んだ人たちだからこそ、その地域の強みがわかると思うのです。そして、その地域への思い入れにも熱いものがあるはずです。

協力隊の人たちとのつながりで、カヤックとして新たな雇用や事業、機会を生み出す役割を果たせるのではないか。サテライトオフィスを設置するなど、新しい雇用の関係性をつくり出せる可能性もあります。

さまざまな地域で、新しい取り組みが始まっています。そのつながりを広げることに、役に立てたらと思います。

鎌倉資本主義は、まだスタート地点に立ったばかりです。しかし、カマコンは5年間続けるなかで、他地域への展開も行っており、今年からは「まちの社員食堂」をはじめとする「まちの○○」シリーズが動き始めています。こうした動きを、鎌倉だけで完結させるのではなく、さまざまな地域と連携して、それぞれの地域が固有の地域資本主義を発信する社会になったら、きっと面白い。そんな風に考えています。もちろん、ほかの地域での取り組みも、積極的に取り入れていけたらと思っています。そのためにも、ＳＭＯＵＴが地域間で連携するインフラとなればと考えています。

おわりに

「鎌倉資本主義」というものを真剣に考えるようになるまで、僕は資本主義というものをかなり広い意味で捉えていました。それは「国を発展させる」といった大きな目標を達成するために多くの国々で効率的とされている経済システムで、民間企業はその体制のなかで自社利益追求に邁進する。そういう仕組みなのだろうと、漠然と考えていました。つまり民間企業の僕たちは、利益をしっかりと追い求めてさえいれば役目を果たせると考えていたのです。

しかしながら最近は、企業は利益を追求するだけでなく、事業を通じて果たすべき社会的責任がますます重視されるようになりました。ＥＳＧ指数（環境・社会・ガバナンスなどの取り組みで企業を評価する指数）に代表されるように、利益やキャッシュフローだけではない企業評価システムが注目されるようになっています。

企業は、単に利益を出せばよいのではなく、社会をよりよくしていくことに対して、積極的に関与していかなければいけない。そういう時代に入ったと思います。

新しい資本主義を考えるなどという大それた試みは、面白法人にはハードルが高すぎるとも思いましたが、とりあえず「できそうなことをやってみる」ことから始めました。

それがこの本でもご紹介したカヤックが培ってきたブレスト文化です。

本書では、僕たちの取り組みの一部を紹介してきました。まだ走り始めたばかりで、見えていない部分のほうが多いくらいです。

いま取り組んでいることがすべて想定どおりの結果を出すとも限りません。すべてがきれいに結びつくという保証も何もありません。

ただ、取り組んでみて、僕たちが面白いと思ってやっていたことは、あながち見当はずれではなかった気がしています。なかでも、本を書きながら再認識したことは、「面白い」と思うことを突き詰めることが僕たちなりの社会貢献につながるのだということです。

たとえば、前述した既存の資本主義の2つの課題。

・地球環境汚染
・富の格差の拡大

富の格差拡大1つとっても、なぜ格差がそれほど問題なのか、最初はよくわかりませんでした。増えたり減ったりというある種のゲーム感覚があるのが資本主義の面白いところであり、富の格差があって当たり前だと思っていたのです。

ですが、よく考えてみると、誰かがずっと勝ち続けているゲームというのは面白くない。「ゲームバランスが悪い」という言い方をしますが、ゲームバランスの悪いゲームは面白いゲームとは言えません。いまの資本主義は、格差が広がる一方で、格差が固定化してしまい、勝者と敗者が入れ替わらない。なるほどこれは問題だと腹落ちしました。

そう考えると「面白い」ということは、持続性やコミュニティの拡がりとも関係があることがわかってきました。

本文中の「まちの社員食堂」のところでも、社員食堂を自社社員のためだけの場にしているのは面白くないと思っていた、と書きました。社会に対して閉じられている場は面白くないのです。料理をつくる人にとっても、一企業の社員のためだけに腕を振るうより、いろいろな人に喜んでもらうほうが面白いのではないか。面白くないものをどうやったら面白くできるか。そんなことをずっと考えてやってきました。資本主義は、もともとが非常に面白いシステムで、だからこそこれほどまでに浸透したわけですが、ゲームバランスが偏り、多くの人が、面白くなさを感じ始めている。新しい資本主義は、もっと面白く、もっと楽しいものでないと続かないし、拡がらない。その面白さが一番実感しやすいのは、地域コミュニティなのではないか。僕はそう考えています。

こんな荒削りな僕たちの取り組みについてご紹介してきたのは、地域資本主義という概念を少しでも早く、多くの仲間と共有し、一緒に練り上げていければ、と思ったからです。

目指すのはＧＤＰに代わる新たな指標。

なかでも、地域社会資本と地域環境資本を測る指標をつくること。

地域社会資本と地域環境資本の地域指標は、もしかしたら単一指標ではなく、複数のものが複雑に絡み合うものなのかもしれません。いま、こうした指標のようなものを測るテクノロジーが次々と開発され、価値観の転換期が訪れています。その新しい技術を使って、僕たちの得意とする「面白い」というアプローチを使って、なんらかの突破口が開ければと思っています。

この本をきっかけに、新しい資本主義を一緒につくっていく仲間が増えていくことを願っています。

「鎌倉資本主義を考える日」に参加してくださった方々に。この本の企画・構成を担当してくれたプレジデント社の中嶋愛さん、ライターの井上佳世さん、カヤック広報の渡辺裕子さんに。そして、面白法人を一緒につくっている社員や元社員、お客さま、株主のみなさまに。カマコンを中心とした鎌倉の仲間に。僕の家族に。いつも僕のことを面白がって支えてくださるすべての方々に、感謝を込めて。

柳澤大輔

Daisuke Yanasawa

面白法人カヤック代表取締役CEO。

1974年生まれ。慶應義塾大学環境情報学部卒業後、ソニー・ミュージックエンタテインメントに入社。1998年、学生時代の友人とともに面白法人カヤックを設立。2014年に東証マザーズに上場。鎌倉に本社を構え、ゲームアプリ、キャンペーンアプリ、ウェブサイトなど、オリジナリティのあるコンテンツを数多く発信してきた。ユニークな人事制度、斬新なワークスタイルを導入し、「面白法人」というキャッチコピーの名のもと新しい会社のスタイルに挑戦中。2013年、鎌倉に拠点を置くベンチャー企業の経営者とともに地域団体「カマコン」を立ち上げ、地域コミュニティの活性化に「ジブンゴト」として取り組むための場を支援している。2017年10月に建長寺で「鎌倉資本主義を考える日」を開催。地域に根ざした新しい経済活動のモデルづくりに取り組んでいる。著書に『面白法人カヤック会社案内』(プレジデント社)、『アイデアは考えるな。』(日経BP社)、『この「社則」、効果あり。』(祥伝社)、『空飛ぶ思考法』(サンマーク出版)などがある。

『鎌倉資本主義』付録

まちの社員食堂 利用チケット

カヤック社員と同じ料金で利用できます。
本書を持参ください。

※毎週メニューが異なります。※土日祝日・GW・年末年始はお休みです。
※朝・昼・晩やっておりますが時間帯が限られます。
※詳しくは食堂のホームページをご覧ください。
https://kamakura-shashoku.machino.co

Check! ☐

カマコン参加チケット

毎月1回（第3木曜日）の定例会に参加できます。
1回の参加1500円のところカヤック社員と同じ価格1000円で参加できます。
事前にご予約のうえ、参加当日に本書をご持参ください。

※参加枠に限りがありますので必ず事前にご予約ください。
連絡先はこちらまで▶ info@kayac.com
（この本を読んだ旨をお伝えください）

Check! ☐

ブレストカード 20%OFFチケット

カヤックの販売するブレストカード3904円が3000円になります。
（正確には23%OFF）

※鎌倉にお越しの際にカヤック本社まで来ていただくか、
カヤック社員に会われた際に、本書をお見せください。

Check! ☐

鎌倉資本主義

2018年12月3日　第1刷発行
2024年3月3日　第4刷発行

著者　柳澤大輔
発行者　鈴木勝彦
発行所　株式会社プレジデント社
〒102-8641
東京都千代田区平河町2-16-1
電話　編集(03)3237-3732
販売(03)3237-3731

装丁　新井大輔
編集協力　井上佳世　渡辺裕子(カヤック)
編集　中嶋愛
制作　関結香
販売　桂木栄一　高橋徹
川井田美景　森田巌　末吉秀樹
印刷・製本　TOPPAN株式会社
写真　*Cover, p002, p054, p092, 126, 140, p167* / Adobe Stock

 ISBN978-4-8334-2304-5　Printed in Japan